縄		弥生時代	時代	代	世	世	代
後　期	晩　期						
約四四〇〇年前 ▼多彩な漆製品や土偶／墓の副葬品が増える ▼北海道、東北北部に環状列石がつくられる ▼抜歯の風習	約三二〇〇年前 ▼土偶の姿形の表現が多様化 ▼抜歯のほかに叉状研歯の風習	紀元前八〇〇年頃	紀元後二五〇年頃	六〇〇年頃 飛鳥・奈良・平安	一一〇〇年頃 平安末・鎌倉・室町・戦国	一六〇〇年頃 安土桃山・江戸	一八六八 明治・大正・昭和・平成

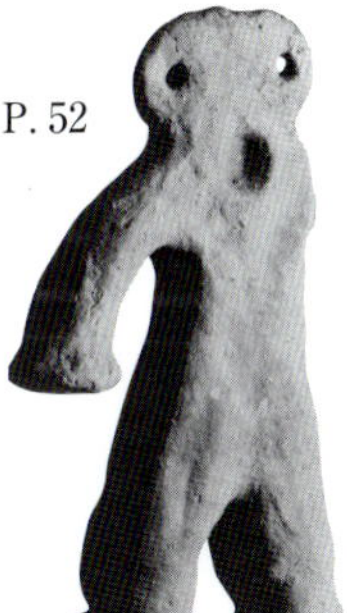

10➡ P. 52

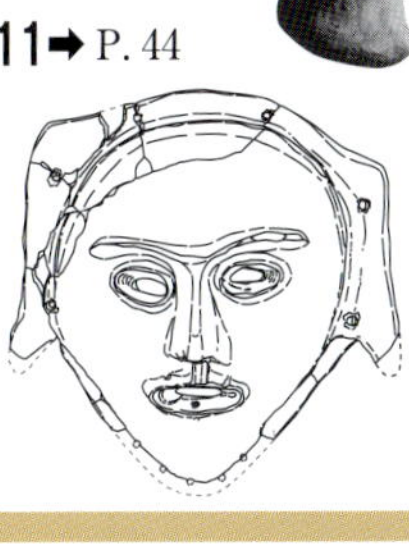

11➡ P. 44

9➡ P. 25

7➡ P. 33

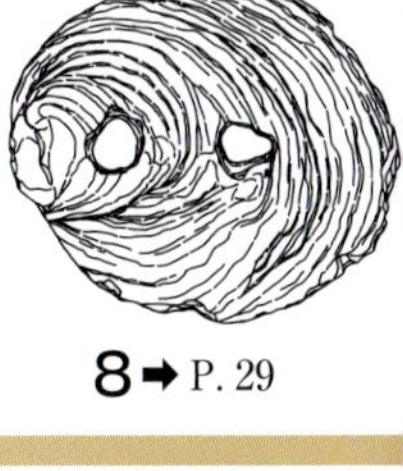

8➡ P. 29

1　相谷土偶（滋賀県相谷熊原遺跡・草創期後葉）／2　縄文のビーナス・国宝（長野県棚畑遺跡・中期前葉）／
遺跡・中期中葉）／5　円錐形土偶（山梨県鋳物師屋遺跡・中期中葉）／6　貝面（熊本県阿高貝塚・中期）／
9　遮光器土偶（秋田県星宮遺跡・晩期中葉）／10　顔のない土偶（奈良県観音寺本馬遺跡・晩期中葉）／

写真１　奈良県観音寺本馬遺跡の住居跡（P.59）

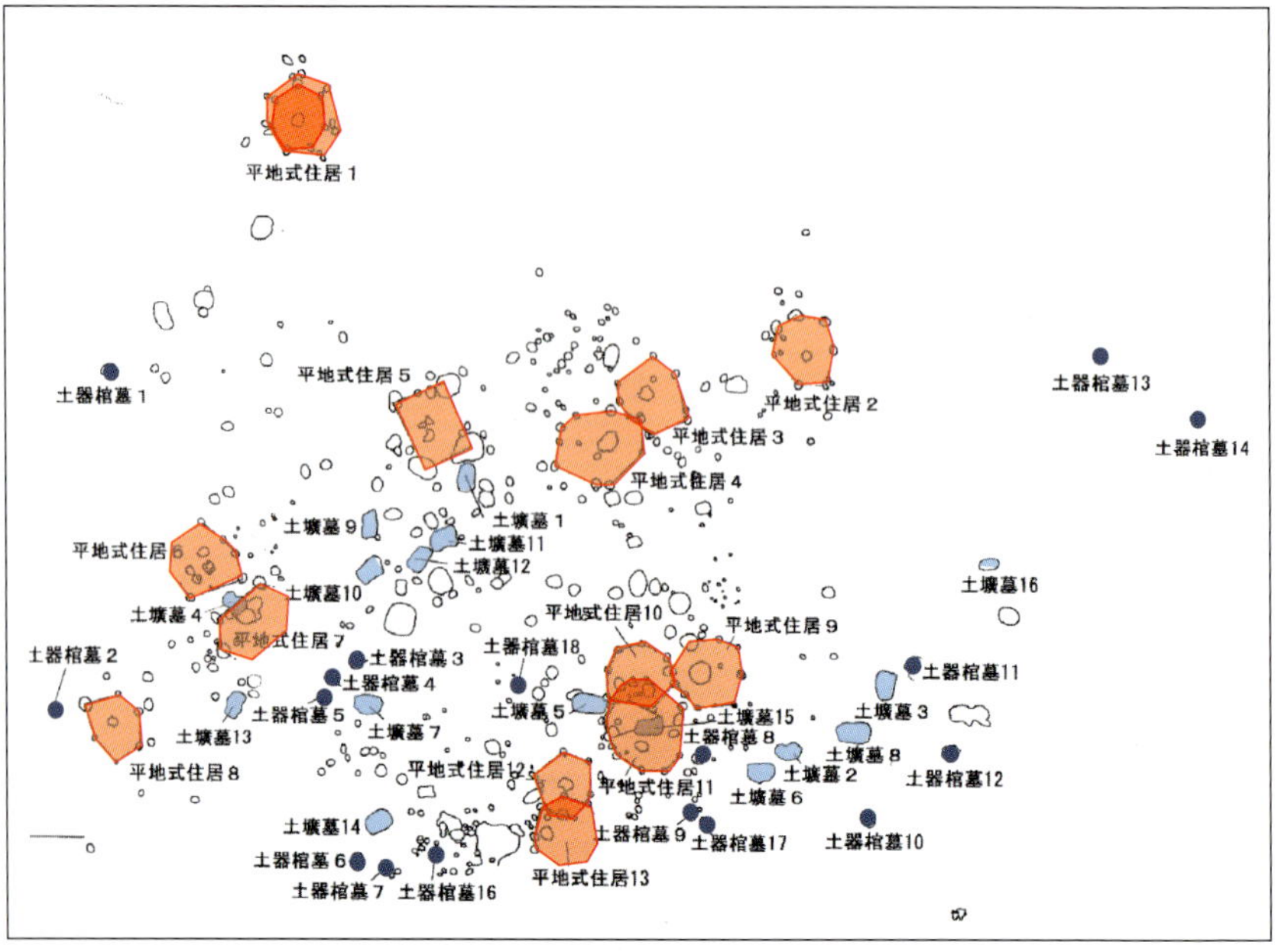

図１　平地式住居と墓の分布図（観音寺本馬遺跡）
（P.60　赤い部分は平地式住居，水色は土坑墓，青い点は土器棺墓）

奈良大ブックレット発刊の辞

市川　良哉

時代が大きく変わっていく。この思いを深める。少子高齢化は社会の在り方や個人の生活を変えていく。情報の技術的な進歩が人とのコミュニケーションの在り方を激変させている。人はどう生きるべきかという規範を見失ったかに見える。地震や津波などの自然災害、殊に原発事故の放射能汚染は生命を脅かしている。こうしたことの中に将来への危惧にも似た不安を覚える。

不安はより根本的な人間の気分を意味するという。こうした気分は人の内面に深く浸透していく。不安にさらされながらも、新しい時代に相応しい人としての生き方こそが求められなければならない。そうしたとき、人は自らの生き方を選択し、決断していかなければならない。孤独な生を実感する。そこでも、われわれはこのような生き方でいいのだろうかと大きな不安を抱く。

不易流行という言葉はもと芭蕉の俳諧用語で、不易は詩的生命の永遠性をいい、流行は詩の時々におけるはやりをいう。ここから、この語はいつの時代にも変わる面と同時に、変わらない面との、二つをもっていることを意味する。

変化する面は措《お》くとして、歴史とは何か。文化とは何か。人間とは何か。人間らしい生き方とは。平和とは何か。人間や世界にかかわるこの問いは不変である。不安な時代の中で、われわれはこの根源的な問いを掲げて、ささやかながらも歴史を、文化を、人間を追求していきたい。そうした営みの中で、人の生き方を考える道筋を求め、社会を照らす光を見出していきたい。

奈良大ブックレットは若い人たちを念頭においた。平易な言葉で記述することを心がけ、本学の知的人的資源を活用して歴史、文化、社会、人間について取り上げる。小さなテーマに見えて実は大きな課題を提起し、参考に供したいと念願する。

二〇一二年一〇月

（奈良大学 理事長）

もくじ

はじめに――縄文人の祈りと願い

坂井《さかい》　秀弥《ひでや》

本書は、平成二十三年七月の奈良大学オープンキャンパスにおいて開催された、シンポジウム『縄文人の祈りと願い――その秘密に迫る』の記録です。大学のオープンキャンパスでは各学科を紹介する企画事業が行われていますが、今回の縄文をテーマにしたシンポジウムは文学部文化財学科の特別企画であり、考古学研究室と考古学研究室研究交流会実行委員会が共催しました。

縄文文化は華麗な火焔土器などから東日本のイメージが強く、関西では馴染みが薄い存在です。しかし、奈良県には戦前に発掘された晩期の橿原遺跡があり、近年、晩期の御所市観音寺本馬遺跡が京奈和自動車道路建設に伴って大規模に発掘されるなど、縄文研究も活発になってきています。もともと本学では、縄文研究者としても知られた水野正好氏や、先史考古学者の泉拓良氏が教鞭をとられていたこともあり、その薫陶を受けた卒業生をかなり輩出しています。今回はそのなかから三人の縄文研究者に、ご登壇いただきました。

まず、財団法人滋賀県文化財保護協会の瀬口眞司氏（九期生）は、古くから謎の多い土偶について、その役割や意味するところを正面から論じています。これまでの土偶論を整理したうえで、土偶が描かれた土器や土偶そのものの身体表現を独自に分析し、土偶は「空《うつ》ろ」なものであり、縄文人にとって実体の見えないもの—神様—を宿す器であるとします。

つぎに、財団法人大阪府文化財センターの永野仁氏（十九期生）は、土偶に比べるとあまり知られていない仮面についてとりあげています。貝製・石製・土製の各種仮面を出土状況とともに丁寧に整理したうえで、顔にかぶって精霊や祖霊の祭りを行うもの、墓標に伴うもの、副葬されたものなどを想定しています。

最後に、奈良県立橿原考古学研究所の岡田憲一氏（十三期生）は、同研究所が発掘調査した観音寺本馬遺跡の最新の成果を分析することを通して、幅広く縄文文化を論じています。住居・墓・作業場・栗林などからなる縄文のムラの景観や、一時期の住居数や人口、縄文人の寿命を具体的に提示し、さらには特別の祭場などの存在を示唆されています。

三本の講演に続いて、元興寺文化財研究所の狭川真一氏（一期生）の司会による討論において、縄文人の祈りや願いについて論点を整理し、それぞれの縄文観を語っていただきました。

西日本における縄文研究は、近年めざましいものがありますが、本書によりその現状を確認できたことはたいへん意義深いものがあります。最後に、当日のご参加の皆様にあらためて感謝するとともに、これを機に縄文研究が今後さらに発展することを祈念いたします。

（文化財学科 教授）

縄文人の祈りと願い１

第1章 土偶とは何か？——その謎を探る

瀬口《せぐち》　眞司《しんじ》

一　縄文時代の暮らし

縄文時代とは

私は「土偶とは何か—その謎を探る—」というタイトルでお話しいたします。

一般には、なじみがうすいのかもしれませんが、先ずは縄文時代がどういう時代だったか、そのあたりからお話しいたします。

縄文時代の年代は、ご存知の方もあると思いますが、大変古く約一五〇〇〇年前から約二五〇〇年前までの間、一万年以上にわたって続いたわけでして、次頁の図１を見てください。皆さんが今、生きておられる現代を右端に示しました。ごく大まかな区分ですが、遡って行きまして、古墳時代は三〇〇年間余り、その前の弥生時代は六〇〇年間位でしょうか。今からお話しする縄文の始まりは左端、これだけ古い段階で、およそ一万数千年にもわたって続いた長い長い時代ということになります。

次に、縄文時代の人々の暮らしぶりについて、ごく簡単にご紹介します。縄文時代の主な生業《なりわい》は、図1のイラストのイメージです。左は動物を狩っているところ、つまり「狩猟活動」。右は木の実などの「採集活動」です。当時はまだ稲を作ってはおりません、お米を作っておりませんので、澱粉質《でんぷん》としては、栗や団栗《どんぐり》など木の実をあてておりました。それから「漁労活動」、つまり魚とりですね。狩猟、採集、漁労を三本の柱として自分たちの暮らしを成り立たせていた、そういう時代であったと言われています。

土偶とは

私のテーマは「土偶とは何か」ということで、最もよく知られている土偶の一つをここでご紹介します。写真1は、長野県棚畑《たなばたけ》遺跡から出た土偶です。「縄文ビーナス」と呼ばれ、国宝に指定されています。切手の図柄にも採用されていますし、教科書等にも載っておりますので、ご存じの方が多いでしょう。これは何でできているか、というと、もちろん土です。要するに土偶というのは、縄文時代

・縄文時代の年代…15000 年前～ 2500 年前
一万数千年
縄文
弥生
古墳
現代
・縄文時代の主な生業は…狩猟・採集・漁労

図1　縄文時代の年代と生業

の土人形、これは大体の考古学者はもちろん、一般の方の認識も一致しているところでしょう。では、その土偶はどんな役割、どんな用途を持っていたのでしょうか。本書ではこれらの点について謎解きしていきたいと思います。

二　土偶をめぐるさまざまな説

考古学者の推理①　神像説《しんぞう》

具体的な謎解きの前に、日本考古学は明治に始まって一三〇年と言われているわけですが、その一三〇年の間に考古学者が土偶についてどう考えてきたか、縄文土偶のことをどう推理してきたかについて、ふりかえっておきましょう。意外に思われるかもしれませんが、土偶の存在は江戸時代から知られておりました。江戸時代の文書にも毛筆書きの絵や説明文などが残されています。ただその頃には江戸時代の人には、土偶の意味などはわかっていませんでした。やっと何なの

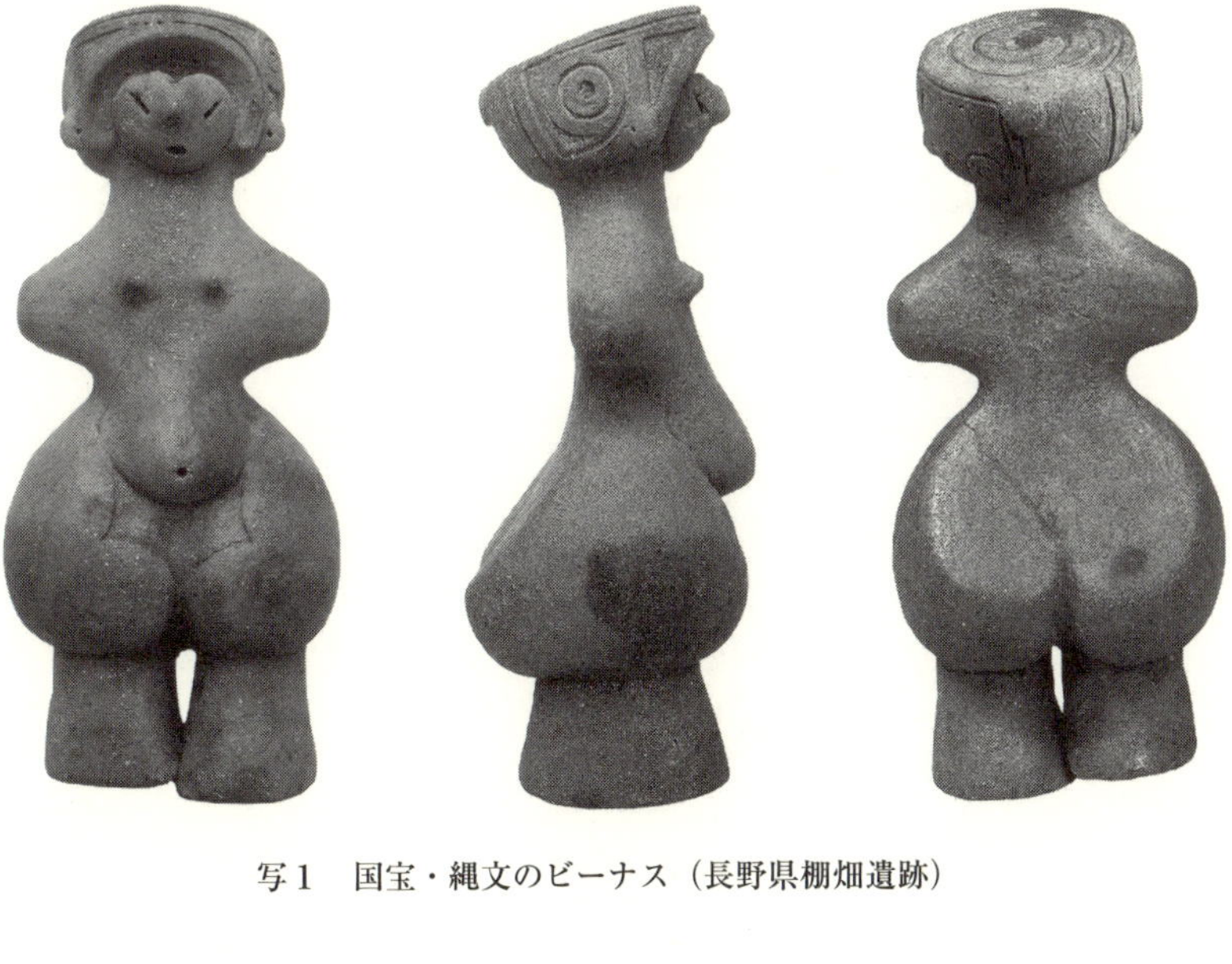

写1　国宝・縄文のビーナス（長野県棚畑遺跡）

かを語りはじめたのは明治以降になります。明治十九年（一八八六）、縄文時代の神様なのではないか、という「神像説」が生まれ、以降の考古学者もこれを継承・展開し、土偶とは信仰に関わるもの、神様として作られたのだろう、と推察してきたところです。その延長線上にある考え方をいくつか紹介します。

考古学者の推理② 女神像《めがみぞう》説

まず神様は神様でもこれは女神ではないか、という説が明治四十三（一九一〇）年に生まれます。「女神像説」というものですね。写真2は滋賀県で出た日本最古級の土偶で、実は三センチほどしかない、ごく小さな土偶なのですが、大変立派なおっぱいを持っております。土偶の多くは、お乳、あるいはお尻や妊娠表現というものを大変強調して作られていますので、そういう意味で明治の考古学者が、これは妊婦、安産のお守りではないかと考えて、守り神、女神像説というものを打ちたてました。

そこから派生した新たな説として、大正時代には、地母神《じぼしん》説というものが出てまいります。つまり大地の豊穣、実りを司る農耕の神、豊かな大地の神だということを思いついたわけです。西欧世界では、セクシーな裸体で描かれている女神のビーナスが、豊穣と生殖の神であると言われておりますが、それと似たような考えを持ち始めたということです。皆さんご存知の奈良大学名誉教授、水野正好《みずのまさよし》先生の「土偶祭式論《どぐうさいしきろん》」を後で紹介します

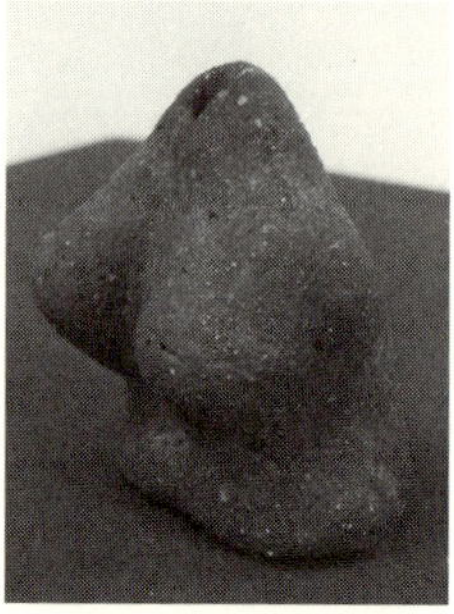

写２　日本最古級の土偶
（滋賀県相谷熊原遺跡）

女神像説・地母神説
・明治43年（1910年）、「女神」説
乳 乳・尻・妊娠表現の強調を見て。
「…妊婦の安産の守り神?」
・大正11年、「地母神」説
大地の豊穣を司る（農耕）の
女神として。 水野正好の土

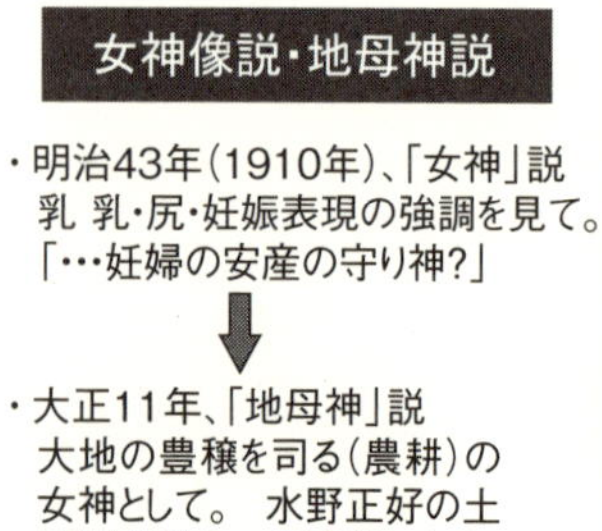
偶祭式論もこの系譜にある。

図２　女神像説

が、その説のなかでも、地母神、土地の実りの神に注目して、先生は説を展開されています。

考古学者の推理③　故意破損説

写真1で壊れていない土偶を見てもらいましたが、今まで数万点が出土している土偶のうちの大半、九割九分は実は壊れた状態で出てきます。「故意破損説」というのは、そういう現象を踏まえて出てきたもので、まじない、呪術のためにわざと壊していたと考える説です。大半の土偶が破損品でバラバラで出てくることに注目して、明治二十八年（一八九五）、坪《つぼ》井《い》正《しょう》五《ご》郎《ろう》という先生が提示されました。

その後もさまざまの仮説が立てられますが、バラバラで出てくる、手や足がもげた状態で出てくる、そういう出土状況を踏まえて、昭和にはいって「身代わり像説」というのが出てきます。これは、自分の体の具合が悪いところ、あるいは家族の悪いところや怪我をしたところの土偶のその部分を割る。たとえば首が悪いとか、肩が悪いとかであれば、土偶の首なり肩なりを打ち割って、それで病気や怪我の快癒を祈願する。そういう意味で使われたのではないかという説で、昭和四年（一九二九）に生まれました。

考古学者の推理④　土偶祭式論

昭和四十九年（一九七四）になると、水野正好先生が土偶祭式論の話をされ始めます。これも、土偶が故意に破損されてバラバラの状態で出てくる点に注目してのお話でありました。最初に申し上げましたように、土偶は女神である、その女神をわざわざ壊すわけですね。それについて水野先生は次のように考えました。わざわざ女神を壊しているのだから、それは殺しているということであり、その死体はバラバラに撒かれるように出土している。女神（土偶）を作るということは女神の誕生であり、それを壊すということは死を表している、そして、それは撒かれている。なぜ撒くかというと、撒いたところで再生してくることを期待していたからだ、そういうふうに水野先生は捉えたわけです。それは縄文人の世界観である「輪廻転生」の観念を表している、と説かれました。

実はこの説の背景には神話の世界があるともいわれています。神話学に「ハイヌウェレ型神話」というものがあります。ハイヌウェレ型神話というのは、『古事記』や『日本書紀』に出てくる次のような神話です。――女神をバラバラに壊して、その死体を撒く、するとその死体から、穀物、つまり、米・麦・大豆などが生まれてくる、つまり死からの再生によって食物が繁茂する、それが人類による農耕の起源になった。――そういう物語りです。水野先生は、この神話を仮説の種にして土偶祭式論を提唱したといわれています。この説は大変厳しい批判も受けましたが、それと同じくらい、あるいは勝るくらいに、多くの研究者から支持も受け継承されているところです。

考古学者の推理⑤　顔なし土偶論

その他にも土偶に関しては色々な推論がされています。面白いことに、土偶には顔がないものがたくさんあるのですね。その顔なしの土偶についても、いろんな意見が出ております。写真3は、顔がない虚《うつ》ろな表情をした土偶です。このような土偶につきまして平成十七年（二〇〇五）、名古屋市教育委員会の伊藤正《いとうまさ》人《と》氏が、本来、人間の世界では人の形を表現することはタブーであった、だから縄文時代の土偶に顔がないのは、縄文人が積極的に顔を表現しなかったのだ、ということをおっしゃいました。そして、東日本では縄文中期になると、大体五〇〇〇年前位には、このタブーが消える、でも西日本ではそのままで、土偶というのは闇とか死とか、そういうタブーを表し続けていたということをおっしゃいました。ただ、この説については、いやいや、タブーというより顔はそもそも必要でなかったから顔がないだけなのだ、という批判もあります。

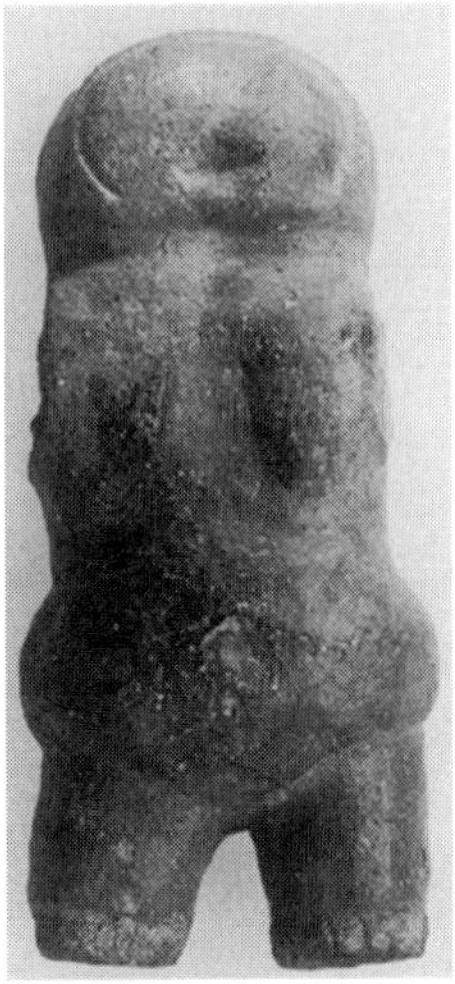

写3 虚ろな土偶
（熊本県竹ノ後《たけのうしろ》遺跡）

考古学者の苦悩

その他にも、依代《よりしろ》説（「憑代」とも書きます）があります。昭和になって、土偶には、霊力や精霊、そういう類のものが降り立ってくる、そのための人形《ひとがた》、すなわち依代である、という説が谷川磐雄《たにがわいわお》氏や甲野勇《こうのいさむ》氏から提唱されました。これは後ほど重要なキーポイントになるので特に記憶にとどめて下さい。

以上、様々な説を紹介しましたが、土偶の役割や用途に関しては百家争鳴の状態で、決定的な定説は、いまだ出ておりません。つまり、考古学者が皆、悩んでいるのですね、わからない、と。でも、わからないならば、方法を変えたらいいのではないだろうか、これが私の発想です。ちょっと分析の視点を変えてみようではないか、それが今回の趣向であります。だから、今までのいろんな入門書などに書いてある内容とは随分違うお話しをすることになりますが、こういう推理の仕方もあるのではないかということで、お聞きいただければ幸いです。

三　土器に描かれた土偶から謎を解く

描かれた土偶

　考古学の先輩方は土偶そのものを一生懸命に見て考えてこられたわけですが、それだけではわからない。そこで土偶そのものを見るのは、いっぺんやめにして、私は「土器に描かれた土偶の分析」をしてみたいと思います。縄文人が土器に土偶を描いている、イラストしている、そういう例があるのです。土偶をイラストした土器で、「土偶装飾付《どぐうそうしょくつき》土器」と呼ばれているもの、これが最適な分析対象ではないかと考えるわけです。写真4を見て下さい。土器に土偶が描かれていますね。これが最適な分析資料だと私が考える理由は、絵とかイラストには描き手の意図が込められている、したがって土偶単体を観察するよりもヒントは多いはずではないかという点にあります。今までの方法は土偶そのものを一生懸命観察していました。ただ、それだけでは言わばノーヒントなので、イラストされたより具体的な絵画表現からその意味を推理する、これをやってみようということになります。

　具体的に、謎解きを進めます。写真4は長野県の久保上《くぼうえ》ノ平《たいら》遺跡から出た、大体五〇〇〇年前の土器で、土偶が描かれていま

写4　土偶装飾付土器（長野県久保上ノ平遺跡）

す。私はこれを見るときに三つのポイントがあると考えています。一つ目は土偶の向き、どっちを向いているのか。二つ目は土偶の姿・形。三つ目が土器そのものの形です。キーワードとしてもう一つ付け加えましょう。それは「宿り」です。宿りをキーワードにしながら、推理していきましょう。

謎解きのポイント① 宿り示す後ろ姿

ポイントの一つ目、土偶の向きからお話しします。図3の右は写真4の土偶部分を拡大したものです。これが内側を向いているのか、外側を向いているのか、を考えてみましょう。参考資料として、同じ時代の土偶と比較します。図3の左3枚は写真1と同じ、長野県棚畑遺跡の「縄文ビーナス」で、国宝に指定されているものです。前から見たところの正面形には、おっぱいがありますね。背面形ですと、背中ですからもちろんおっぱいはありません。注目していただきたいのは下半身、特にお尻の部分です。ちょっと大きいですよね。ぷりっと出てまして、横から見ると特徴が良く分かりますね、平らなんです、横からみると平らな形をしている。

改めて写真4の土器に描かれた土偶像を見ると、実は同じ形のお尻をしていますね。ちょっと張っていて、横から写した写真でも、実は平らであることがよく分かります。したがってこの土偶

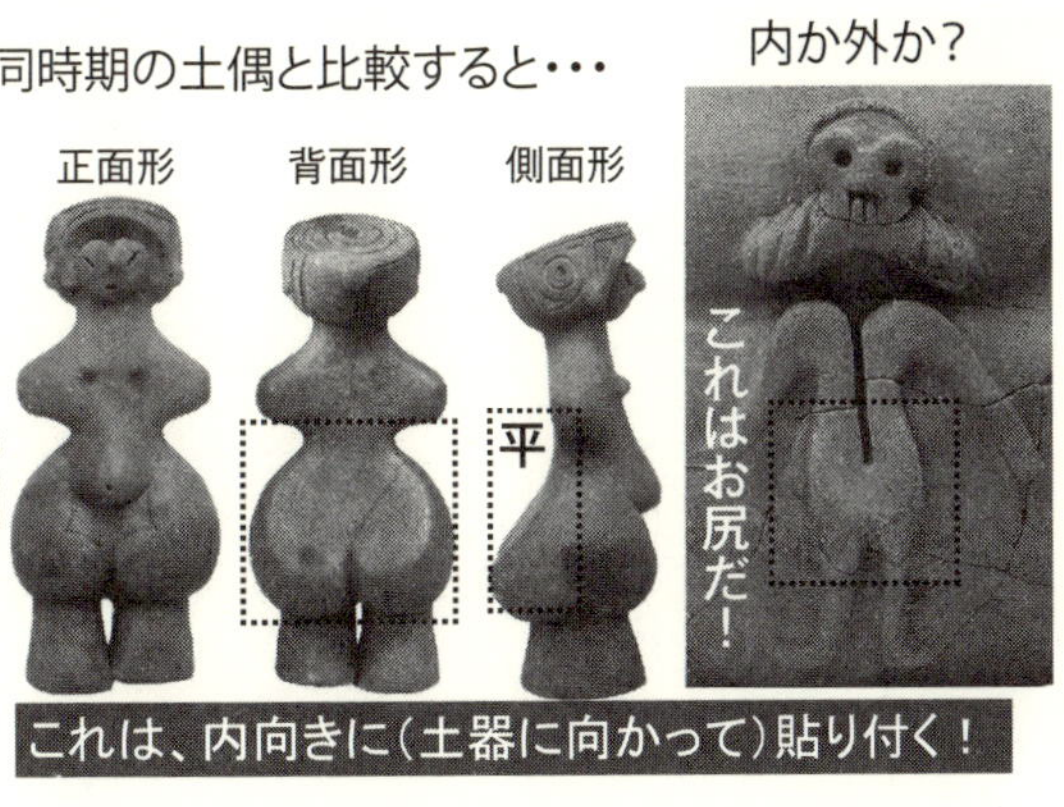

図3 描かれた土偶の分析 ポイント①土偶の向き

の下半身は私達にお尻を向けていることになりますね。この土偶の向きは手前にお尻が見えるわけですから内向き、つまり土器の内側を向いている、土器の内側に向かって貼り付いている土偶だということがわかります。別の言い方をすると、この土偶は器に向かって一体化している、土器から出てくるのではなくて、土器に向かって土偶が一体化していく、宿っていく姿が描かれています。縄文人はそういう形にイラストして、「宿り入る」ことを見る者に伝えようとしていた可能性があります。

謎解きのポイント②　二段構造の身体

次のポイントは土偶の姿です。ここにも実はキーワードの「宿り」が隠されています。もう一度図4でご覧いただくと、この土偶の最大の特徴は、頭部と体部がわざわざ別々に作られ、分離した状態で貼り付けられている点です。もう少しよく見てみましょうか。上に頭があって下の体は別に作られている。頭部と体部の間に明確な隙間がありますね。頭部と体部の間にわざわざ空白部分が作ってあるのです。要するに頭と体をわざわざ分けて作っている。そういうことからこの土偶では体部によそから頭部が合体し、宿り入る姿、アタマのない体に、別のアタマが宿る構造、そういったものを表現していたという推理が生まれてきます。

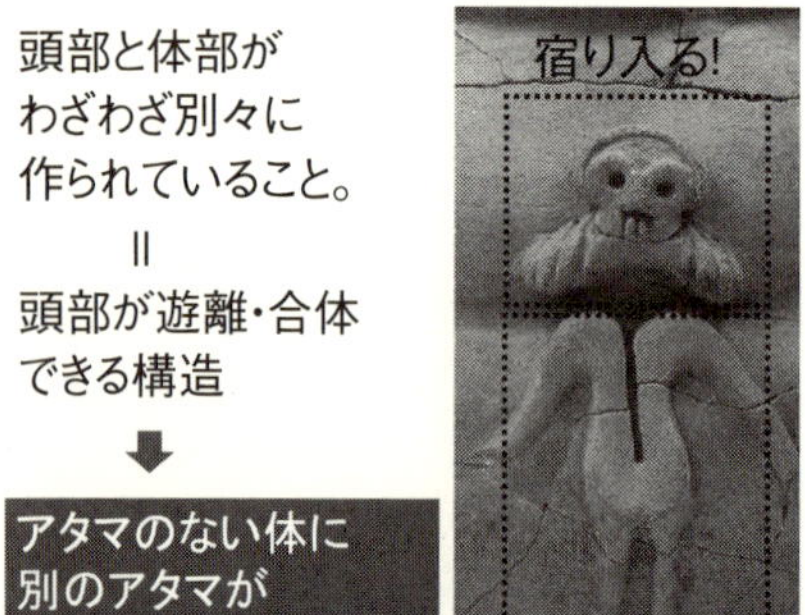
最大の特徴は‥
宿り入る!
頭部と体部が
わざわざ別々に
作られていること。
=
頭部が遊離・合体
できる構造
アタマのない体に
別のアタマが
「宿る」構造を表現！

図4　描かれた土偶の分析　ポイント②土偶の姿

この一例だけですと、何とも疑わしい話になると思うのですが、実は同様な例はしばしば存在しております。図5はその代表とも言える山梨県鋳物師屋《いもじや》遺跡の例ですが、ちょっと図にしてみました。左は外側から見た図面、右は横から見た図面になります。これも久保上ノ平の土器と同じで、わざわざ肩から下の体の部分と、頭の部分を分け、区切って作っています。これも宿り入る姿を示している可能性があります。もう一つ大事なポイントですが、頭のない体が器を抱いている形がおわかりいただけますか。先ほどの久保上ノ平遺跡のものも同様ですが、手は土器の方へ向かって、器を抱えるように伸びている。つまり、縄文人は器を抱かえる頭のない体を描き、その体とは別の頭が宿る構造をイラストしているわけです。

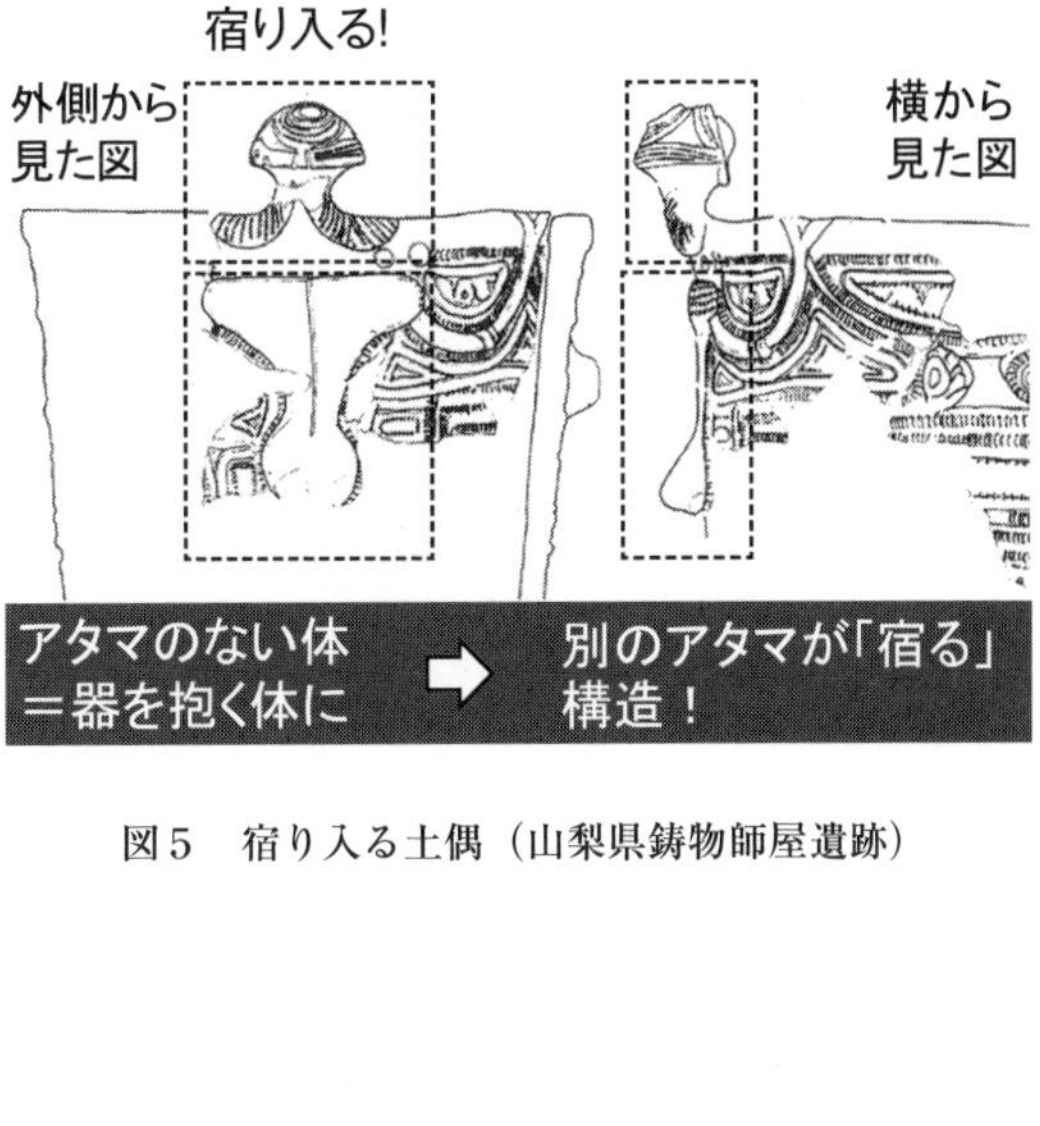

図5　宿り入る土偶（山梨県鋳物師屋遺跡）

謎解きのポイント③　土偶を封じる器

ここで話が少し戻ります。図6の久保上ノ平の土器ですが、土器の形にも特徴があります。注目すべきは、写真4のように、土器の上の縁の部分に、たくさんの穴が空いている点です。無数の小さな穴が空けられているために、考古学者は「有孔鍔付《ゆうこうつばつき》土器」と呼んでいます。図6でイメージしてください。土偶が矢印で示すように土器に宿りつきます。器の中に入っていきました。その土器に皮布を被せて、紐で綴じると土偶を封じることができます。縄文人は、このような土器をわざわざ作ってその中に宿った土偶を閉じ込める、そういう形をしています。

同様の例が他にもたくさん見られます。写真5は神奈川県林王子《はやしのおうじ》遺跡から出た土器で、土偶が描かれています。この土器のポイントは二つあります。第一のポイントは「封じる土器に描かれている」ということです。土器の縁を見ますと、小さな穴が無数に空いています。この壺の蓋として皮布を被せ、穴のところを使って綴じる、つまり中に宿った土偶を封じているわけです。

二段二組四本腕の土偶たち

写真5の土偶は拡大するともう一つ面白い事実が見えてきます。実はこの土偶にはおかしなところが一つあるんです。何かといいますと、図7の通り二組四本の腕がある。土偶の腕は普通、人間と同じく二本ですが、この土偶には二組四本の腕がある。ここがポイントです。一組目の腕は①と②、まるで万歳しているかのように、二本の腕が上に向かっていますね。そしてよく見ると顔より下の、脇に

写5　土偶装飾付土器（神奈川県林王子遺跡）

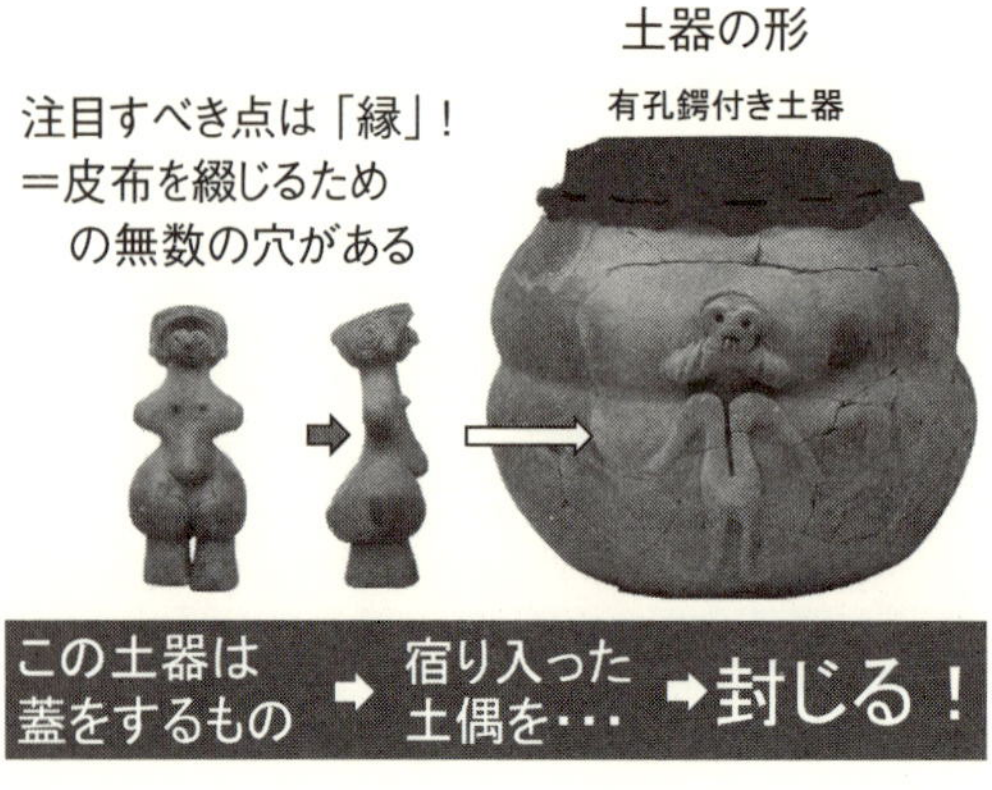

図6　描かれた土偶の分析

あたるところに、③と④で示した二組目の短い腕がついています。首のところを境に、上側の二本と下側の二本、併せて二組四本の腕があります。先ほどの話と一緒ですが、首のない体と、肩から下だけの首がない土偶に、別の頭が（この場合は腕もついていますけど）、別づくりのものが宿っているところを、縄文人はイラストしているのです。いわば落語の寄席に出てくる「二人羽織《ににんばおり》」、あの状態を示しています。二人羽織で言えば、上段の腕が蕎麦を食わせる方の腕、下段の腕は食わされる方の腕、まさに宿る人間と宿られる人間を描いていた、と考えることができます。

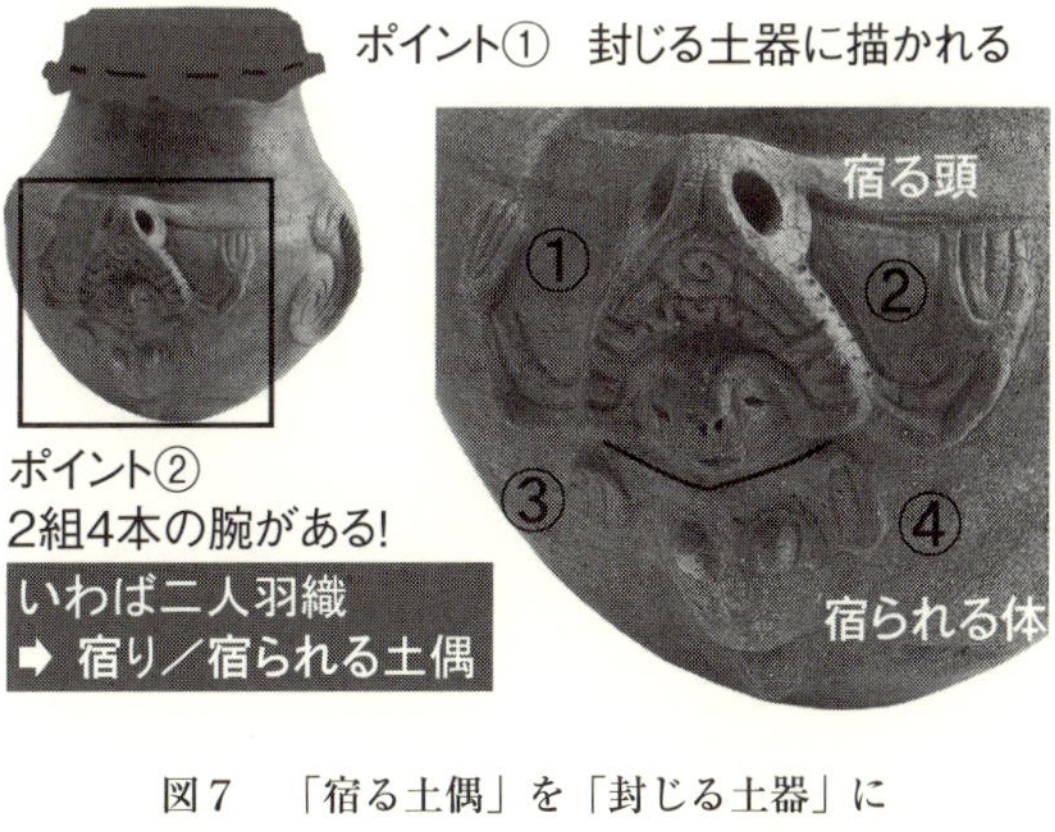
ポイント①　封じる土器に描かれる
宿る頭
①
②
③
④
宿られる体
ポイント②
2組4本の腕がある!
いわば二人羽織
➡ 宿り／宿られる土偶
図７　「宿る土偶」を「封じる土器」に

宿り、重なる三本指の土偶たち

このような宿り・宿られる土偶には、他にも多くの類例があります。図８の埼玉県札《ふだ》の辻遺跡のものを見て下さい。今までの話で、皆さん、あーそうかと、気づいていただけるかと思うのですが、これも変な形をしていますね。これも土器に貼り付けられた土偶ですが、腕が何本あるか、ちょっと数えてみてください。

この土偶を解釈するときに必要な比較対象として、二つの土偶をあげました。一つは山梨県の坂井《さかい》遺跡の土偶、もう一つは長野県の目切《めきり》遺跡の土偶。この二つの土偶と比較すると、埼玉県の土偶は、あー二人羽織やわ、とわかっていただけます。ポイントは図８に示した二つの星の部分、ここに着目して推理しましょう。図９は右側が埼玉県札の辻遺跡のもの。左側の山梨県坂井遺跡同時期の土偶を見ますと、腕があり指が五本刻まれていますね、五本指の腕。一方、右側の札の辻のものを見ると、やっぱり第一の腕があるのですよね。腕の先には指が表現されていて、これも五本指ですね。さらに詳しく見ると第二の腕が第一の腕の下に隠れています。第二の腕は何かを持っていますが、これとそっくりの腕が同時期の目切《めきり》遺跡の土偶（図８）のものでこれも壺を抱えています。同じですね。このことから埼玉県札の辻遺跡の土偶は二組四本の腕を持っており、五本指の第一の腕と壺を抱える第二の腕がある、ということがわかります。さらに興味深いのは、実は第二の腕の方は三本指だということです。

　同様の見方で、あちこちから出土した二人羽織の土偶を、もう少し繙《ひもと》いていきます。図10は山梨県鋳物師屋遺跡の例で、図５の拡大になります。まず五本指をもつ第一の腕があります。そしてその脇の下

図８　宿り／宿られる土偶たち

というか先からは、やはり第二の腕が出ていて、非常に面白いことに、この土器を抱える第二の腕は、先の札の辻の例と同じく三本指なのです。東京にも類似した例があります。図10の下は東京都木曽中学校遺跡から出たものですが、やはり五本指の第一の腕があり、そこから三本指をもつ第二の腕が出ていることがおわかりいただけますでしょうか。

図9　「宿り」と「宿られ」の二人羽織

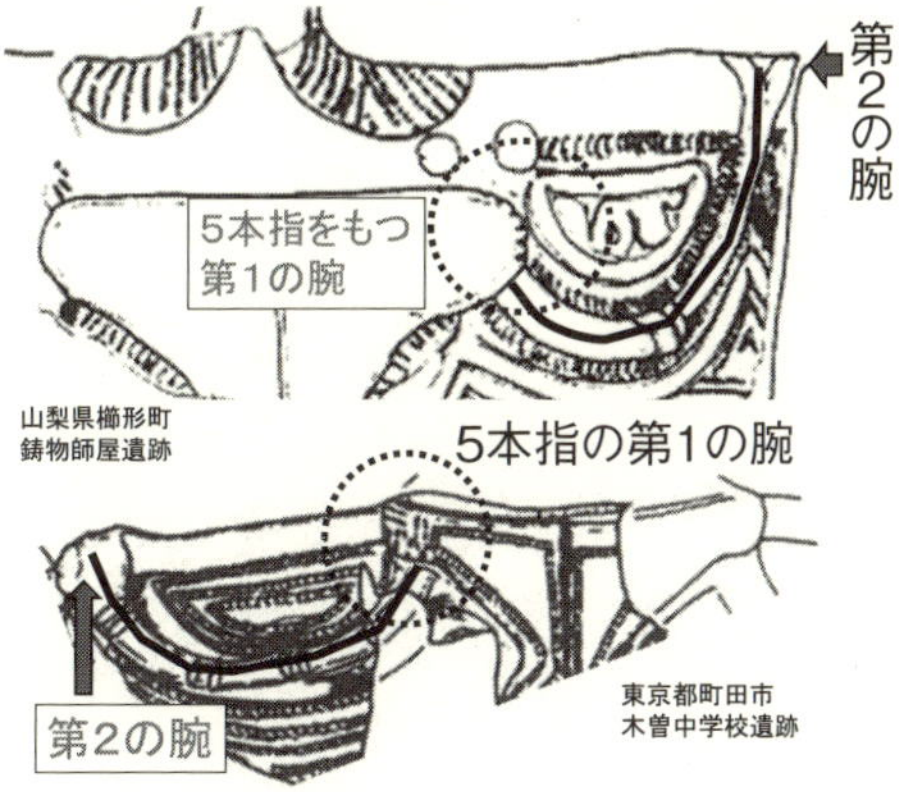

図10　あちこちに見られる二人羽織の例

描かれた土偶が語る縄文世界

以上のようにいろいろ見てきましたけれども、この「土偶装飾付土器」に描かれた世界、イラストされた土偶の世界をまとめると、図11の三点になるかと思います。

①は最初の方でお話しした空ろなる「うつわ」を抱いたり、それに封じられる姿です。「うつわ」とい

うものは通常は空っぽです。そういう空《うつ》ろなる器に宿り、封じ込められる姿が見てとれます。②は二組四本の腕を持つ二人羽織の宿りの姿。そして③は頭のない体があって、そこに「別作りの頭」が宿る姿でした。

ここにイラストされた土偶を素直に見つめれば、土偶とはうつわと一体化するもの、すなわち中空を象徴するものかもしれないということ、中空、うつろなるものに宿り、そしてまたそこに宿られるということ。そういう姿が表現されていたと考えられるのです。

四　推理を裏づける「ポーズ土偶」

この私の考え方は、先ほどのイラストされた土偶から読み解いたわけですけれども、今度は他の資料からその蓋然性を確かめてみます。

その資料として見ていただくのは「ポーズ土偶」と呼ばれているもので、図12のような形をした土偶です、これもよく入門書に出てきますので、ご覧になったことが一度はあるかもしれません。いろんなポーズをとっていますので、ポーズ土偶と呼ばれているわけです。

検討対象にポーズ土偶を取り上げるのは、先ほどのイラストさ

① 空ろなる「うつわ」に宿り、封じられる姿
② 2組4本の腕をもつ「二人羽織」の宿りの姿
③ 頭のない体に、「別作りの頭」が宿る姿
土偶とはうつわと一体化するもの＝中空の象徴。
中空へ宿り、そして中空として宿れられる憑代。

図11　土偶装飾付土器に描かれた世界

れた土偶と同じ時期、同じ地域の資料だからという理由です。あんまりかけ離れたところを持ってきても、それでは裏づけにならないと言われますので、意図的に同じところで選んでみました。そしてもう一つの理由は、イラストされた土偶と同様に、ポーズ土偶には動きがあるからです。この動きは何かを伝えるためにつけられた、いわばジェスチャーですから、縄文人の意図・ヒントがより読み取りやすい資料だと考えています。

ここでも見出せる二段二組四本の姿

資料を見ていく上で二つのポイントがあります。一つはポーズ土偶の肩の部分の形です。多くの資料の肩は変な形をしています。もう一つは、そもそもこのポーズの意味は何かという点です。

まず肩の形についてですが、図13左の山梨県上黒駒《かみくろこま》遺跡から出た土偶を見てください。このポーズ土偶の肩の形は、不自然な二段構造になっています。この意味を探っていきましょう。

比較のために、もう一度国宝「縄文ビーナス」を使ってお話しをします。注目していただきたいのは、真ん中にある棚畑の縄文ビーナスの①・②、破線で囲った部分、首から腕にかけてのラインです。それと左の上黒駒例の①・②の形状を比べると、かなり似たラインを持っていることに気づくはずです。つまり左の上黒駒土偶の二段肩というのは、腕と肩の重なりを示しているのであって、実は中央に示した国宝

2つのポイント
①変な形の肩
②ポーズの意味
蓋然性を高めるため、違う系統の資料から検討。
検討対象はいわゆる「ポーズ形土偶」
理由
描かれた土偶と 同じ時期・地域の資料。
動きがある＝ 縄文人の意図が色濃く反映。

図12　推理を裏付ける「ポーズ土偶」

ビーナスのような土偶が上から重なり、憑依《ひょうい》してきたところを表現している可能性があります。つまり「宿り」です。考古学者はこの二段肩のことを以前は「肩パット」と通称していたのですが、この「肩パット」は、二体の土偶の重なり、憑依を示しているのです。

それからもうひとつ興味深いのは、国宝ビーナスと同形の腕の下からはもう一本の腕が伸びていて、その伸びている腕の先はやはり三本指だということです。これは先に紹介した図8・9の札の辻遺跡と同じパターンです。この二段肩は肩パットじゃなくて、二組四本の腕、宿りと宿られ、そういったものを表していることを改めて強調しておきます。

同じような例は、図14の山梨県鋳物師屋《いもじや》遺跡でも見られます。同時期の国宝ビーナスを真ん中に置いて比較すると、やっぱり頭から首のライン、「肩」へ向けてのラインは、全く同じ形を描きながら出っ張っています。その出っ張っている「肩」の下から二組四本の腕が伸びている。二組目の腕は、もう一組の腕の下から伸びていて、その二組目の腕の先には三本指がついている。つまり二段肩というのは二段二組四本の腕を示すものであり、「宿り」と「宿られ」の証拠であると言えます。

うつろを抱くポーズ土偶

次にポーズ土偶の「ポーズ」の意味は何か、という点につい

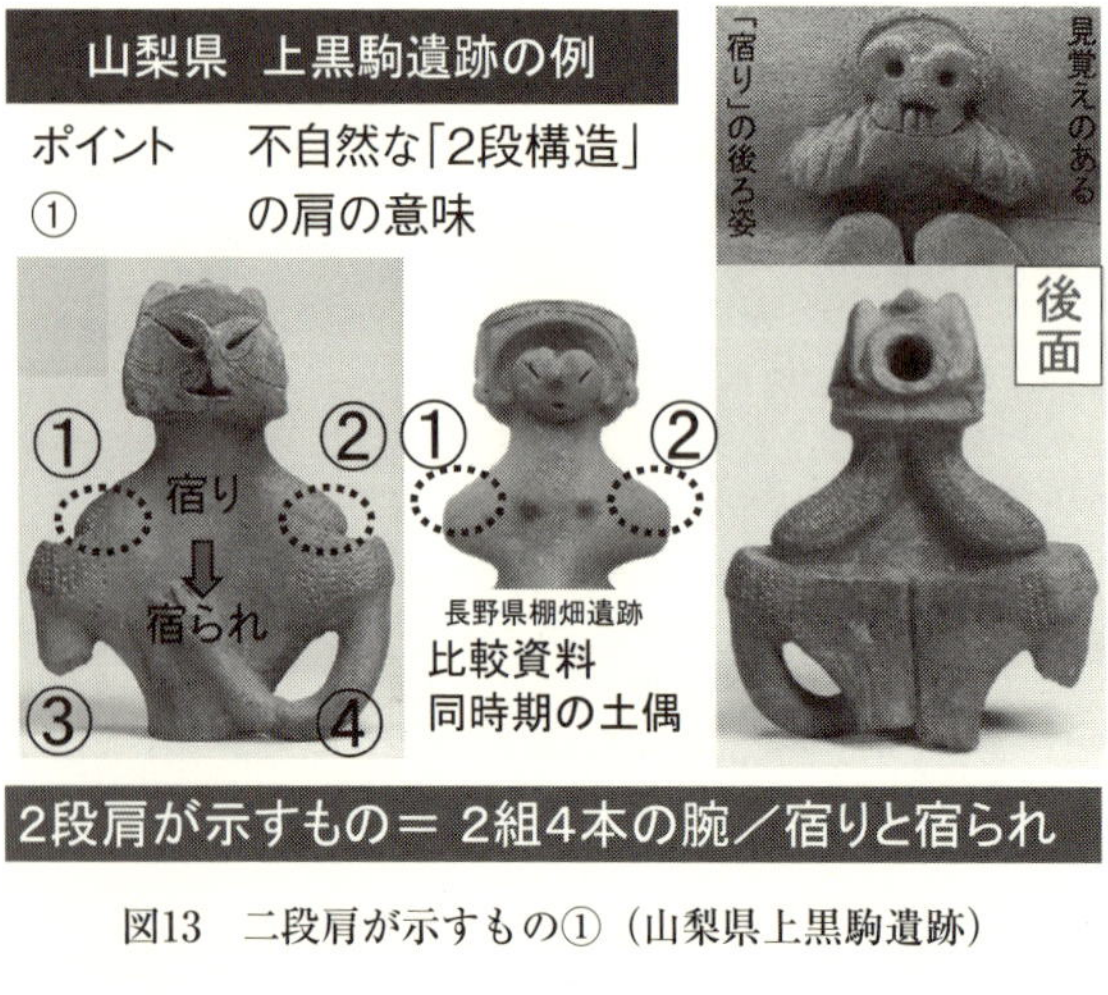
山梨県　上黒駒遺跡の例
ポイント　不自然な「2段構造」
①　の肩の意味
①
②
宿り
宿られ
③
④
①
②
長野県棚畑遺跡
比較資料
同時期の土偶
見覚えのある
「宿り」の後ろ姿
後面
2段肩が示すもの＝ 2組4本の腕／宿りと宿られ

図13　二段肩が示すもの①（山梨県上黒駒遺跡）

てお話しします。まず最初に参照したい資料は、先ほども見ていただきましたが、図15左側の目切遺跡から出た土偶です。これは空っぽの器、うつろなる器を抱いています。

一方で真ん中の鋳物師屋遺跡の方は、面白いことに非常に興味深く示唆的だと思うのですが、体の中が空——うつろなのです。うつろなるわが身を抱いている。つまりこのポーズはうつろを抱くポーズである、と捉えることができるのではないでしょうか。

結局のところ、ポーズ土偶の「ポーズ」が示すものとは、土偶装飾付き土器と同じ世界です。うつろなる器を抱き、そこに宿る、一体化する姿。そして頭のない体に別づくりの頭が宿る姿。そういう点から、土偶とは、うつろなる器を象徴するものであり、うつろに宿り・うつろとして宿られる「依代」だといえます。諸先生方の意見の中では——昭和の初めに提唱された依代論、これが一番もっともらしいのではないかというのが、最近の私の考えであります。

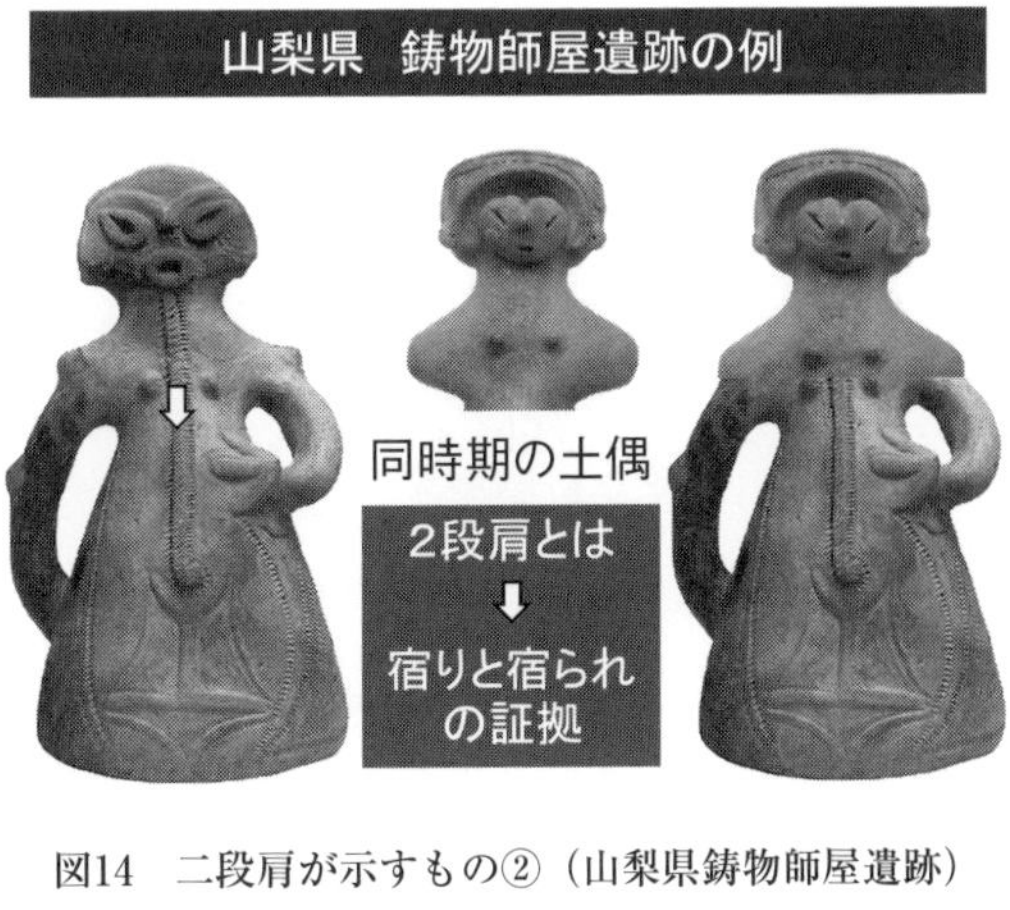

図14　二段肩が示すもの②（山梨県鋳物師屋遺跡）

「うつろ」でつながる縄文世界の一万年

ここまでご紹介したものは、主に関東地方西部から中部地方にかけての中期——五〇〇〇年から四〇〇〇年前のものですが、それだけではなく縄文のいろんな時期、いろんな地域に「うつろ」でつながる土偶は見られます。例えば比較的新しい後期・晩期と言われている時代。図16左は有名な遮光器《しゃこうき》土偶でありますけれど、実は遮光器土偶も中が空っぽな中空構造をしています。身《み》へんに空《から》と書いて「躻《うつろ》」という漢字がありますが、これはまさにそういう構造をしています。それから縄文時代後期に流行する仮面土偶も実は中空でして、身《み》が空《から》で、つまりは「躻《うつろ》」なのです（図16中）。その他に顔のない土偶のお話しも本章第二節でしましたが、これも顔のない「虚ろ」な面差しの人形《ひとがた》なのです（図16右）。（身が空で）躻《うつろ》な遮光器土偶と仮面土偶、そして虚《うつ》ろな面差しの顔なし土偶、「うつろ」という原理、概念を用いることで、いろんな土偶を読み解ける、つながりが見えてくる、と私は考えています。

この「うつろ」の原理は、さらに古い時期にも遡ります。例えば図17の左は岩手県杉則寺場《すぎのりてらば》遺跡から出た前期のもので、顔のところにくぼみがある、へこんでいるのですね、要は「うつろ」をわざわざ作りだしている、そして、そこに宿ることができます。図17の右は私ども滋賀県文化財保護協会で掘りました、縄文時代草創期、日本最古級のものです。よく見ると首のところにわざわざ穴があけてある、何かが入れるように、わざわざ空白を作り、穴を開けています。やはりうつろに宿る原理をここに読み取ることもできるでしょう。

図15　ポーズの意味

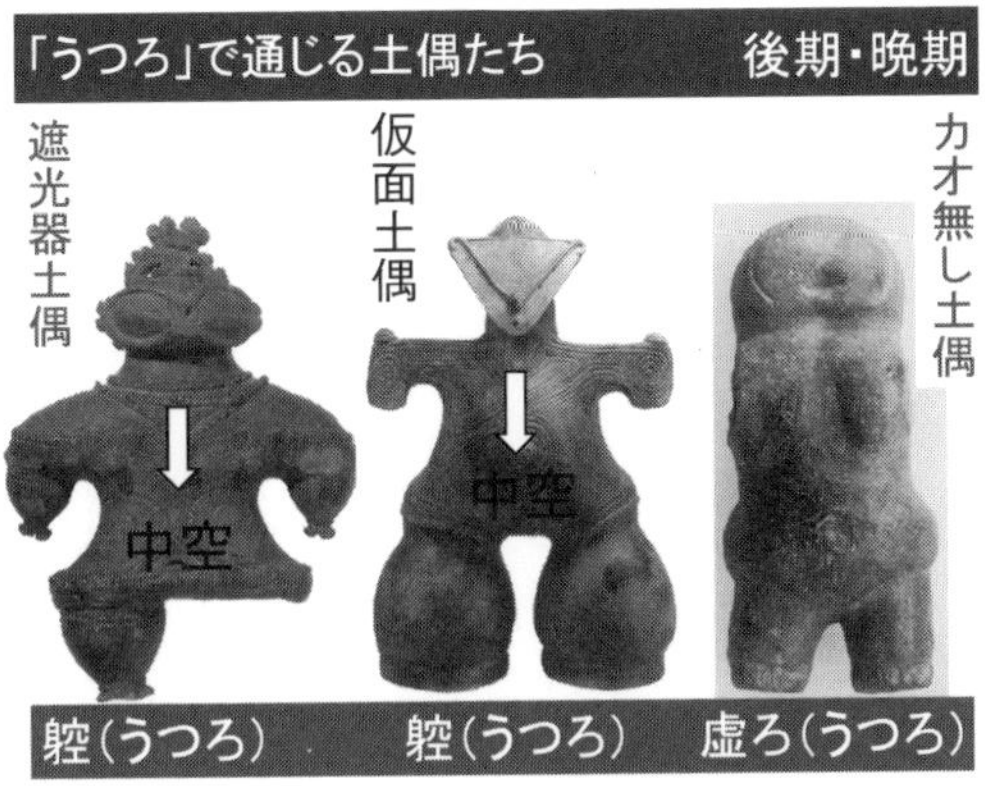

図16 「うつろ」で通じる土偶たち（後期・晩期）

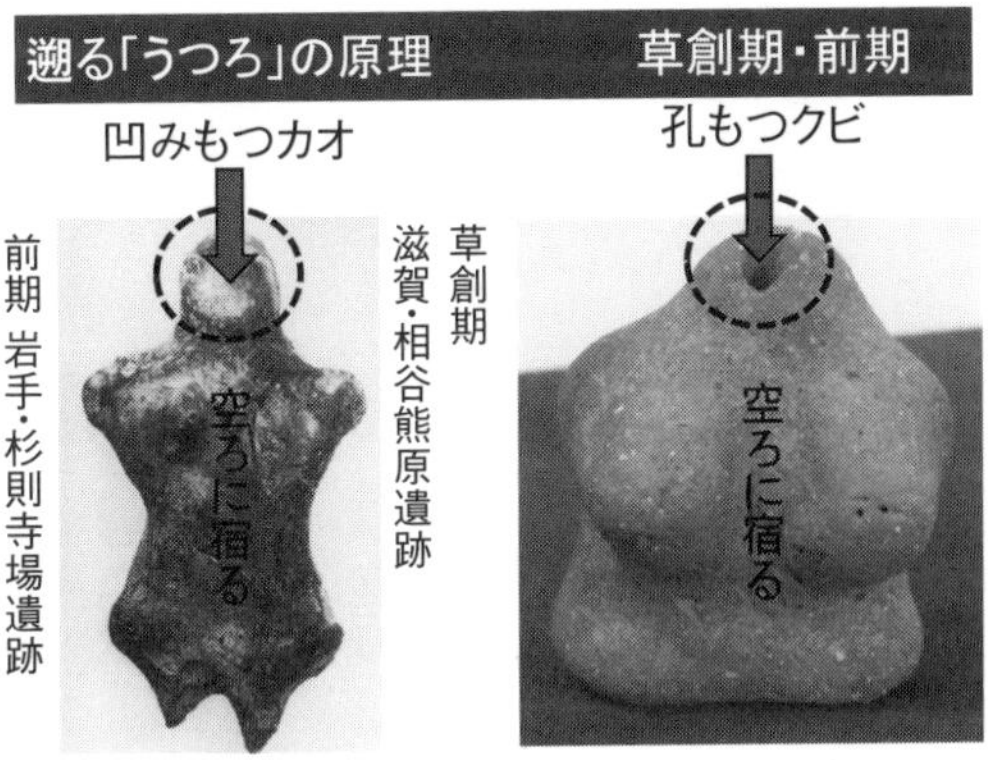

図17 古い時期にも遡る「うつろ」の原理（草創期・前期）

五 土偶とは何か――神宿る依代

土偶というものは、宿り宿られる依代《よりしろ》というふうに見てとることも可能である――これが私の意見でした。宿りを待つ依代ゆえにうつろを持つ。そして、うつろな顔を持つ。土偶の多くに顔がない理由はここにあります。宿りを待っているから顔がないのです。仮面もまたうつろに宿りついたもの、と言えるかもしれません。

では、最後に、この土偶には一体、何が宿るのでしょうか。それはおそらく宿りにより実体化する何かの力です。この世には何かが浮いているのです。見えないけれど何かすごい力が浮いている。それを何とか実体化させたい。それを宿らせたい。宿らせたいから、わざわざ土偶を空っぽにしたり、穴を空けたり、顔を作らなかったりして、うつろにしていたのです。そこに宿るものは、いつもは実体を持たない何かパワーを持った人に似たもの、すなわち「神様」である、縄文時代の人々はそういうふうに考えていたのではないか、というのが私の意見であります。

縄文人の祈りと願い２

第２章
縄文仮面の世界
——貝・石・土製の仮面が語る縄文のいのり

永野《ながの》　仁《ひとし》

一　素材からみた仮面

これから縄文時代における仮面の文化についてお話しいたします。

第１章で瀬口さんがお話しされた土偶は、日本各地で多数出土しており、有名な資料も多いため、実物をご覧になった方も多くいらっしゃるのではないかと思います。しかし、私が取り上げます縄文時代の仮面は、決して数も多くなく、ご存知の方も少ないかと思いますので、最初に縄文時代の仮面とはいったいどのようなものがあるのかということを、お話しします。

縄文時代の仮面は、現在までに確認されているものを材質によって分けますと、三種類に分類されます。貝製の仮面、石製の仮面、そして土製の仮面の三種類です。まずは、素材ごとに、順番に見ていきたいと思います。

貝製仮面

貝製仮面（以下、便宜的に「貝面」と呼称します）が見つかっている地域は、ごく一部に限られます。これまでのところ、貝面は福岡県・長崎県・熊本県の三県六遺跡から計八点が出土しているという記録があります。しかしながら、そのうちの一点は現在所在不明となっており、第二次大戦中に罹災し、焼失してしまった可能性が考えられているため、現況では七点に留まります（図1）。

貝面のうち、最も古い資料は熊本県阿高《あたか》貝塚から出土したもの（図1－1）で、縄文時代中期の終わり頃、今から四〇〇〇年くらい前になります。これは、イボタガキの貝殻で作られた仮面で、貝殻の中心あたりに開けられた三個の孔《あな》が目と口を表していると考えられています。

やや時代が下り、縄文時代後期に入りますと、熊本県のほか、福岡県や長崎県でも貝面が作られるようになります。福岡県では、福岡市桑原飛櫛《くわばらひくし》貝塚において貝面が出土しています（図1－2）。阿高貝塚の貝面と同じくイタボガキ製ですが、こちらは孔がふたつです。

長崎県では、対馬市佐賀《つしまさか》貝塚において出土事例が認められます（図1－3）。非常に小さいものですが、ふたつの孔が認められます。

熊本県では、熊本市黒橋貝塚と天草市沖ノ原貝塚、水俣市南福寺《なんぷくじ》貝塚の三遺跡から貝面が出土しています。黒橋貝塚は阿高貝塚のすぐ近くにある貝塚です。貝面はマダカアワビ製で、貝殻に向かって中央やや左に目孔と思われる、ふたつの孔を有しています（図1－4）。沖ノ原貝塚では二点の貝面が出土しています（図1－5・6）。大きさは異なりますが、どちらにもふたつの孔が穿《うが》たれております。南福寺貝塚から出土した貝面（図1－7）は、一部を欠損しておりますが、他と同様にふたつの孔が開けられていることが

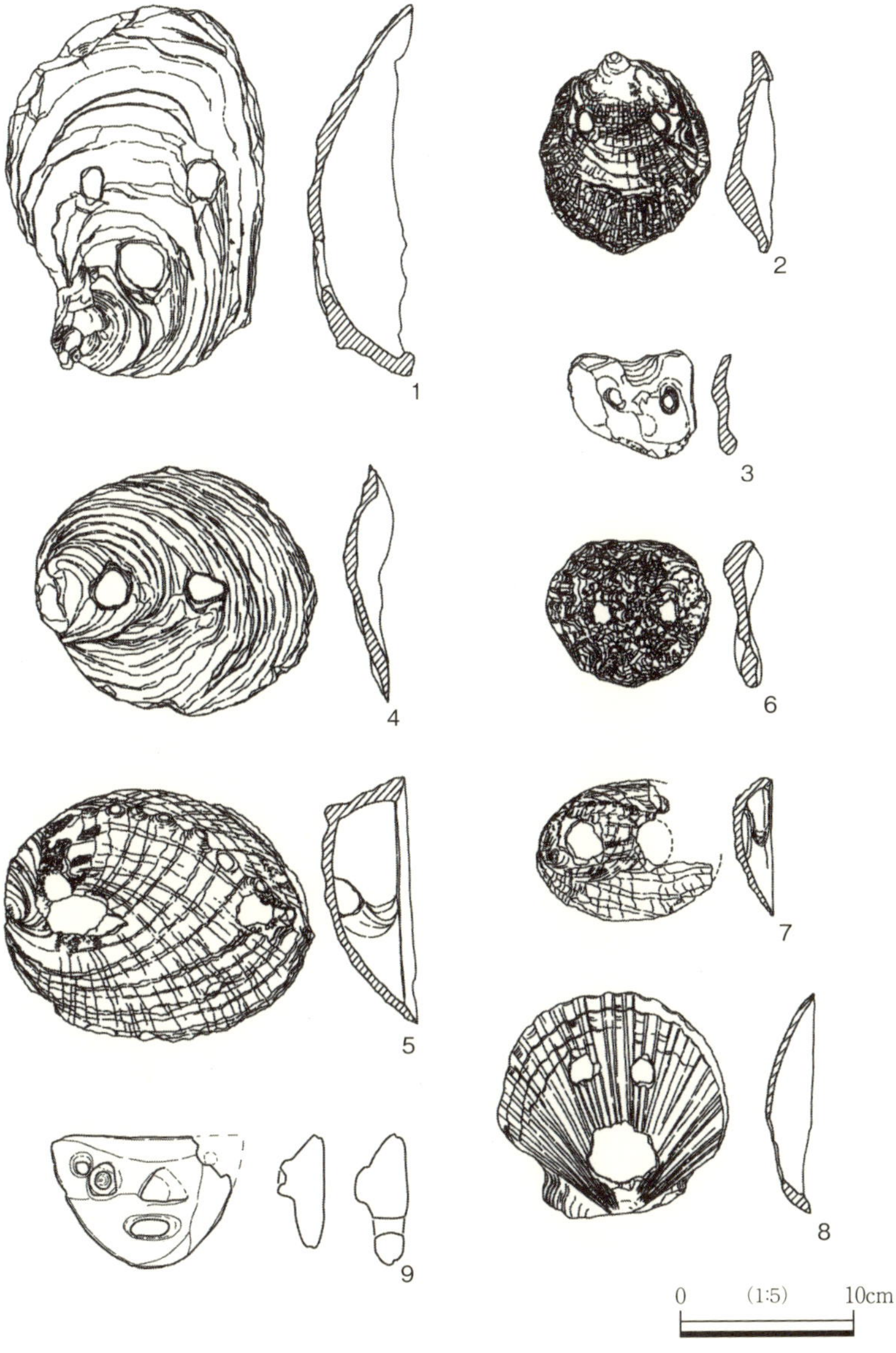

図１　貝製仮面・石製仮面

わかります。

こうして見てみますと、貝面と考えられるものは、阿高貝塚例のように目と口の孔を開けているものと、それ以外の遺跡から出土している、目と思われるふたつの孔を有するものの二種類あることがわかります。このうち、阿高貝塚例が一番古い貝面となりますので、おそらく古い段階の貝面には目と口の孔を開けており、新しくなると口の孔は省略されて、目の孔を穿つだけになったのではないかということが考えられております。

ところで、貝面は日本以外でも見つかっておりまして、韓国の東三洞《とむさんどん》貝塚（図1－8）、蘇爺島《そやど》貝塚、中国では殷《いん》（商）の都である殷墟《いんきょ》から出土しています。貝面を集成し、詳細な考察をされている山崎純男氏は、貝面は「朝鮮半島と九州の間に横たわる海域、及び九州西岸の海域を活動の場とした漁撈民の祭祀行為に大きく関わった遺物」とされるなど、(註1) 貝面の研究には日本だけでなく、広く東アジア地域における視座が必要との見解も提示されています。

石製仮面

続きまして、石製仮面についてみていきたいと思います。縄文時代の石製仮面は、現在までのところ、青森県石神《いしがみ》（床舞《とこまい》）遺跡から出土した資料一点しかありません（図1－9）。仮面は、楕円形を半分に切ったような形をしておりまして孔が開けられています。この資料は見つかったときの状況がはっきりしておらず、そのために縄文時代の中でもいつごろの時期に位置づけられるかがわかっておりません。確かに口と思われる箇所に孔が開けられているのですが、目の孔はありません。他に類例も見当たらないことから、本当に仮面としてもよいか疑問であるとの意見もあります。そのため、今後類例が増加すれば、いろいろな情報も得られるかもしれないのですが、現時点では「仮面の可能性がある資料」くらいに留めておいた方が良いのかなと考えております。

土製仮面

次に、粘土を捏《こ》ねて焼き上げた仮面、土製仮面（以下、「土面《どめん》」と呼称します）について見ていきたいと思います。縄文時代の仮面としては、この土面が一番多く出土しております。一番多いといいましても、七六遺跡から一四六点（土面の可能性がある資料を含む）しか出土しておりませんので、全国で一万点以上出土している土偶に比べますと、いかに数が少ないかがおわかりいただけるかと思います。

しかしながら、先に見た貝や石の仮面に比べれば、数は多いと言えます。貝や石というのは、なかなか加工が難しい。できたとしても、せいぜい孔を開けたり、多少形を整えるなど、それぐらいです。それに対し、粘土というのは加工が容易で、いろいろな形を作ることができます。特に縄文人は、あれほど様々な形の土器を作るだけの技術があり、非常に器用であったと思われます。そのため、日本各地において様々な土面を見ることができます。その一例としてあげておりますのが、図2となります。

二　土製仮面(土面)の分類

考古学を学んでいて、まとまった数の資料を目にしますと、どこからどういった物が出土しているのかということをより細かく調べるために、いくつかの類型に分ける分類作業をよく行います。この分類作業は、土面にも適用することができます。色々な顔をした土面があるのですが、ある特徴ごとに見ていきますと、いくつかの類型に分けることができます。それを少し見ていきたいと思います。

【最古の土面】縄文時代の土面が、いつから作られるようになったかということなのですが、現在最古となる土面は、徳島県にあります矢野《やの》遺跡から見つかった、縄文時代後期初頭の土面となります（図2－1）。丸い形をしておりまして、目と口を表した孔が開いております。少々図ではわかりにくいかもしれませんが、眉と鼻は粘土の紐を貼り付けて作り出していたと考えられます。この土面の特徴としては、顔全体に表された小さな穴を挙げることができます。この穴は、棒か何かで突いて作り出しているものと考えられるのですが、実はこのような表現は、この後に出てくる土面には見られない表現でありまして、独自性の高い仮面と言えます。そのため、分類的には位置づけることが難しい資料といえます。現時点では、ひとまず「最古の仮面」としておきたいと思います。

【素朴な表情の土面】図2－2は、長野県松本市にあります上波田《かみはた》で見つかった土面です。若干縦長の形のベースに、目と口の孔を開けております。眉は粘土紐を、鼻は小塊を貼り付けることで表現されています。この土面は、目・鼻・口・眉という、顔を表す基本的な器官は持っているのですが、文様など、それ以外の要素は備えておりません。このような一群を「素文型《そもんがた》土面」とします。

【彩色を施した土面】図2－3は、埼玉県羽生《はにゅう》市発戸《ほっと》遺跡から、図2－4は滋賀県東近江市正楽寺《しょうらくじ》遺跡から出土した土面です。これらの土面には赤色の顔料を用いて、文様が描かれております。この文様が具

図２　さまざまな土面

体的に何を表現しているのか、詳細は不明ですが、こうした赤色顔料などを使って文様を描いた土面の一群を「彩色型《さいしょくがた》土面」とします。

【入墨を施した土面】図2－5は、福島県新地《しんち》町《まち》三貫地《さんかんじ》貝塚から出土した土面です。目と口は孔を開けることで、眉と鼻は粘土紐を貼り付けることで表現しています。この点に関しては、上波田の素文型土面と共通しておりますが、異なる点は目の下や周囲に線を引いたり、何らかの文様をつけている点です。この目の下に引かれた縦方向の線につきましては、涙を表現しているのではないかと説もあったのですが、(註2)現在では、入墨《いれずみ》を表しているのであろうという説の方が有力視されております。このような、入墨状の表現を持つ土面の一群を「入墨型土面」とします。

【曲がった鼻を持つ土面】図2－6は、縄文時代の土面の中でも特に変わった種類のものです。岩手県一《いち》戸《のへ》町《まち》蒔前《まくまえ》遺跡から出土したこの土面は、孔を開けて表した目や口、粘土紐を貼り付けて表した眉と鼻など、基本的な構造はこれまでの土面と変わらないのですが、鼻の表現が大きく異なります。非常に長く、大きく曲がった鼻が表現されています。この鼻が曲がった表情に関しては、悪霊を表しているとの説(註3)やシャーマンなどがトランス状態となった際に見た幻覚を表現したとの説(註4)などがありますが、詳細はわかっておりません。こうした長く曲がった鼻を有する土面の一群を「鼻曲《はなま》がり型土面」とします。

【部品を組み合わせる土面】図2－7～10は岩手県花巻市立石《たていし》遺跡から出土した、耳や鼻を個別に作った土製品です。この個別に作ったものをどのように用いるのかといいますと、よく見ますと、それぞれの資料に小さな孔が複数開けられております。この孔に紐《ひも》などを通し、動物の皮や植物を素材としたベースとなるものに結わい付けて仮面を作っていたのではないかと考えられています。こうした個別の部品を組み合わせて作る仮面の一群を「組み合わせ型土面」とします。

【遮光器土偶と同じ顔をした土面】図2－11は、秋田県能代市麻生《あそう》遺跡で採集された土面です。この土面は、今からおよそ三〇〇〇～二五〇〇年前、縄文時代晩期に東北地方で盛行する遮光器《しゃこうき》土偶と同じ顔をしております。この種の土面を「遮光器型土面」とします。

【小さな土面】ここまでご覧いただいた土面は、いずれも実際に被ることができる、つまり人の顔を覆い隠すことができる大きさを備えたものでしたが、縄文時代の土面の中には、被るのには適さない、小さなものも見つかっています。図2－12は、そうした土面の一例で、岩手県奥州市根岸《ねぎし》で採集された土面です。このような土面を「小型土面」とします。

三　土面の分布と用途

土面の分布

縄文時代の土面がどういった分布状況にあるのかについて、お話しします。表1は、現在までに出土している縄文時代の土面（土面の可能性がある資料も含みます）の一覧表になります。ただし、これは私が調べた結果となっておりますので、遺漏があるかもしれません。その際はご容赦ください。そして、図3・4は縄文時代の後期と晩期、時期別に土面が出土した遺跡の位置を示したものです。この分布図に則って、お話させていただきます。

▼	石製仮面
○	素文・彩色型土面
◉	入墨型土面
△	組み合わせ型土面（部位形土製品）
◇	鼻曲り型土面
◎	小型土面
◆	詳細不明

※1 一遺跡から二種類以上の仮面が出土している場合は、
上もしくは左のドットが遺跡地を示す

※2 図中、中央で白黒反転しているドット（◑◐◆◑）は複数時期に
わたる、もしくは時期不詳の資料を示す

※3 時期の特定が困難な資料については、後・晩期いずれの
地図にもドットを記している

図３　縄文時代後期における土面の分布（P．38表１参照）

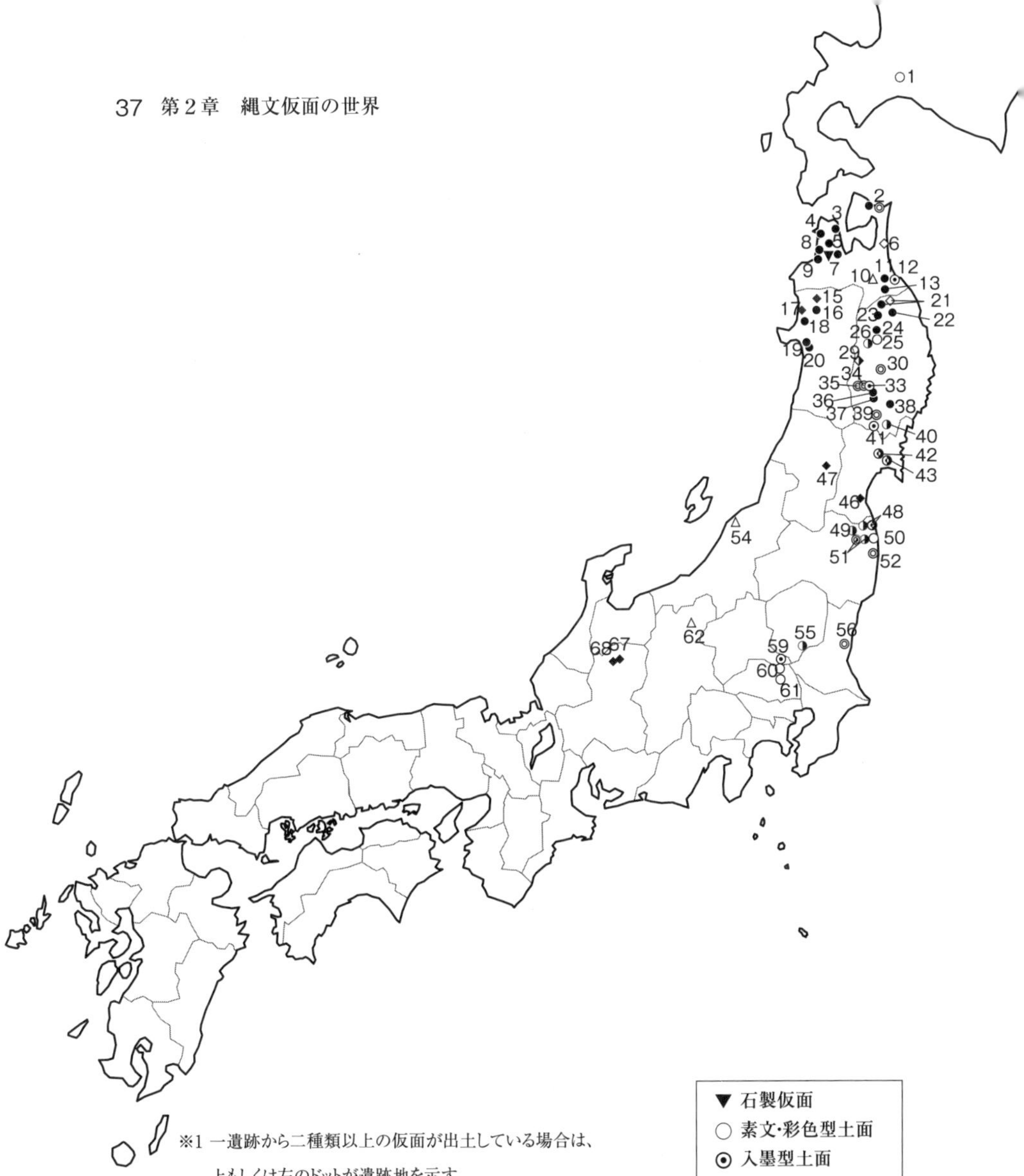

※1 一遺跡から二種類以上の仮面が出土している場合は、上もしくは左のドットが遺跡地を示す

※2 図中、中央で白黒反転しているドット(◑ ◑ ◈ ◑)は複数時期にわたる、もしくは時期不詳の資料を示す

※3 時期の特定が困難な資料については、後・晩期いずれの地図にもドットを記している

図4 縄文時代晩期における土面の分布(P.38表1参照)

表1　縄文時代土面一覧

No.		遺跡名	所在地	分類	点数	時期
1		ママチ	北海道千歳市	素文型土面	1	晩期後葉
2	a	二枚橋（2）	青森県むつ市	遮光器型土面	4	晩期中～後葉
	b			小型土面	16	
3		今津	青森県外ヶ浜町	遮光器型土面	1	晩期中葉
4		五月女萢	青森県五所川原市	遮光器型土面	1	晩期前～中葉
5		千苅（1）	青森県五所川原市	遮光器型土面	1	晩期
6		上尾駮Ⅰ	青森県六ヶ所村	鼻曲り型土面	1	晩期中葉
7		羽黒平	青森県青森市	遮光器型土面	1	晩期
8	a	亀ヶ岡	青森県つがる市	遮光器型土面	1	晩期
	b	亀ヶ岡	青森県つがる市	遮光器型土面	1	晩期
	c	亀ヶ岡	青森県つがる市	遮光器型土面	1	晩期
	d	亀ヶ岡	青森県つがる市	遮光器型土面	1	晩期
	e	亀ヶ岡	青森県つがる市	不明	1	晩期
9		石神（床舞）	青森県つがる市	石製仮面？	1	中期？
				遮光器型土面	1	晩期
10		砂沢	青森県弘前市	口形土製品	1	晩期
11		鳥舌内採集	青森県南部町	遮光器型土面	1	晩期
12	a	虚空蔵（平）	青森県南部町	鼻曲り型土面	1	晩期
	b			鼻曲り型土面	1	晩期
	c			入墨土面	1	晩期
13		明戸	青森県十和田市	遮光器型土面？	1	晩期
14		砂子瀬	青森県西目屋村	小型土面	1	後期？
—		陸奥採集	青森県	遮光器型土面	1	晩期
15		山館	秋田県比内町	不明	1	不明
16	a	麻生	秋田県能代市	遮光器型土面	1	晩期
	b				1	晩期
17		石野	秋田県峰浜村	不明	1	不明
18		高石野	秋田県琴丘町	遮光器型土面	1	晩期
19	a	地方	秋田県秋田市	遮光器型土面	1	晩期
	b			不明	2	不明
20		戸平川	秋田県秋田市	遮光器型土面	3	晩期
21	a	蒔前	岩手県一戸町	鼻曲り型土面	1	晩期
	b			遮光器型土面	1	晩期
22		伊保内	岩手県九戸村	遮光器型土面	1	晩期
23		山井	岩手県一戸町	遮光器型土面	1	晩期前～中葉
24	a	どじの沢	岩手県岩手町	遮光器型土面	1	晩期
	b			遮光器型土面	1	晩期
	c			不明	1	不明
25		宇登	岩手県盛岡市	素文型土面	1	晩期
26		前田	岩手県盛岡市	素文型土面	1	晩期
27		上米内	岩手県盛岡市	鼻形土製品	1	後期
28	a	萪内	岩手県盛岡市	鼻形土製品	1	後期
	b			鼻形土製品？	1	後期
29		鶯宿	岩手県雫石町	鼻曲り型土面	1	晩期
30	a	屋敷	岩手県花巻市	小型土面	1	晩期
	b			土面？	1	晩期
31	a	立石	岩手県花巻市	鼻形土製品	2	後期
	b			鼻形土製品？	1	後期～晩期中葉
	c			耳形土製品	2	後期
32	a	八天	岩手県北上市	鼻形土製品	5	後期
	b			口形土製品	2	後期
	c			耳形土製品	1	後期
33		九年橋	岩手県北上市	入墨型土面	2	晩期
34		七折	岩手県北上市	小型土面	1	晩期（初頭？）
35		大橋	岩手県北上市	小型土面	1	晩期
36		根岸	岩手県奥州市	遮光器型土面	1	晩期
37		杉の堂	岩手県奥州市	遮光器型土面	1	晩期
38		大原	岩手県一関市	遮光器型土面	1	晩期
39		草ヶ沢	岩手県一関市	小型土面	1	晩期
40		相ノ沢	岩手県藤沢町	素文型土面	1	後～晩期
41	a	貝鳥	岩手県一関市	入墨土面	1	晩期
	b			鼻形土製品？	2	後期中葉
—		出土地不詳	岩手県（伝雨滝）	鼻曲り型土面	1	晩期
—		出土地不詳	岩手県	小型土面	1	晩期
42		沼津	宮城県石巻市	入墨型土面	2	後～晩期
43		中沢目	宮城県大崎市	入墨型土面	1	後～晩期
44		宝ヶ峯	宮城県石巻市	鼻形土製品	1	後期
45		摺萩	宮城県大和町	素文型土面	2	後期
46		門ノ内	宮城県丸森町	不明	1	晩期？
47		作野	山形県村山市	不明	1	不明
48	a	三貫地	福島県新地町	入墨型土面	1	後～晩期
	b			入墨型土面	2	後～晩期
	c			彩色型土面？	2	後～晩期
	d			彩色型土面？	2	後～晩期
49		天神平	福島県福島市	素文型土面	1	不明
50		浦尻	福島県南相馬市	彩色型土面	1	晩期
51	a	田子平	福島県浪江町	素文型土面	1	後～晩期
	b			小型土面	1	後～晩期
52		西原	福島県浪江町	小型土面	1	晩期
53		愛谷	福島県いわき市	素文型土面	1	後期前葉
54		原	新潟県新潟市	耳形土製品	1	中期～後期
55		寺野東	栃木県小山市	素文型土面	1	後期
56		真崎	茨城県東海村	小型土面	1	晩期
57		中畑	茨城県茨城町	小型土面	1	後期
58		釈迦才仏	茨城県古河市	素文型土面	1	後期前葉
—		出土地不詳	茨城県	素文型土面	1	不明
59		本	群馬県板倉町	入墨型土面	1	晩期
60		発戸	埼玉県羽生市	彩色型土面	1	晩期
61		後谷	埼玉県桶川市	小型土面	2	晩期
62		宮崎	長野県長野市	口形土製品	1	晩期中～後葉
63		滝沢	長野県御代田町	鼻形土製品	1	後期中葉
64		上波田	長野県松本市	素文型土面	1	後期
65		山伏塚	長野県伊那市	小型土面か	1	後期
66	a	真脇	石川県能登町	入墨型土面	1	後期前葉
	b			入墨型土面	1	後期前葉
67		赤保木	岐阜県高山市	不明	1	不明
68		尾崎	岐阜県高山市	不明	1	不明
69		川地	愛知県田原市	入墨型土面	1	後期？
70		下川原	三重県名張市	素文型土面	1	後期前葉
71		正楽寺	滋賀県東近江市	彩色型土面	1	後期前葉
72		縄手	大阪府東大阪市	素文型土面	6	後期前葉
73	a	仏並	大阪府和泉市	彩色型土面	1	後期前葉
	b			素文型土面	1	後期前葉
74		富島	兵庫県淡路市	素文型土面	1	後期中葉
75		矢野	徳島県徳島市	土面	1	後期初頭
76		永井	香川県善通寺市	素文型土面か	1	後期前葉

＊遺跡番号は図3・4と対応

先ほど申しましたが、現在見つかっている土面のうち、最も古いものは徳島県矢野遺跡から出土した縄文時代後期初頭の土面で、若干遅れて縄文時代後期前葉《ぜんよう》段階になると、日本各地で土面が製作されるようになります。この時期にまとまって土面が出土している地域は近畿地方となり、先ほどご覧いただいた滋賀県正楽寺遺跡のほか、大阪府仏並《ぶつなみ》遺跡から彩色型土面が、同縄手《なわて》遺跡から六個体分の土面の破片資料が、三重県下川原《しもがわら》遺跡から素文型と思われる土面が出土しています。また、石川県能登町の真脇《まわき》遺跡（現在は公園として整備され、資料館も併設されております。海が近く、当時の集落や環境を想像するのにとてもいいところです）では同時期の入墨型土面が出土しています。

一方、東日本に目を転じますと、茨城県古河市にあります釈迦才仏《しゃかさいぶつ》遺跡や福島県いわき市愛谷《あいや》遺跡などで縄文時代後期前葉の素文型土面が出土しています。

このほか、先ほどご覧いただいた長野県上波田出土土面など、中部地方や東北地方北部などでも縄文時代後期の土面が見られます。ただし、東北地方北部の土面は、縄文時代後期後半の資料が多く、西日本よりも少し遅れた段階で、土面が定着するようです。

では、縄文時代晩期になるとどうでしょうか。近畿以西では、縄文時代晩期の土面は出土しておりません。近畿地方で土面が製作されるのは縄文時代後期中葉までとなります。中部地方ではわずかながら出土事例が認められますが、この時期の分布の中心は東北地方、特に東北地方北部、青森・岩手・秋田三県に移ります。これは鼻曲がり型土面や遮光器型土面が、この時期の東北地方北部で製作されることによります。

こうして分布状況を概観いたしますと、縄文時代の土面は、どこでも見つかるわけではなく、一部の限られた地域でしか見つかっていない、言い換えますと、土面というのは、縄文時代の中で普遍的な文化とは、今のところ言えない、ということがおわかりいただけるかと思います。

土面の用途

それでは、縄文時代の土面は、何に使われたのでしょうか。結論を先に申し上げますと、実のところ、現段階でははっきりとわかっておりません。では、なぜわからないかということを、これからお話させていただければと思います。

縄文時代の仮面が特殊な道具であり、何らかの祭祀《さいし》や祈りに使われたのであろうということは、見解が一致するところです。ただ、それがどのような祭祀であったのか、何を祈ったのかがわかりません。なぜわからないのかといいますと、ひとつは、これまでに出土している仮面は、偶然発見されたものが多く、遺構（遺跡から見つかる、昔の人が築いた施設、例えば、家の跡やお墓、建物を建てるための柱穴、ゴミ捨て場など）から出土した資料が少ないことが挙げられます。遺構からではなく、何でもないようなところや、後世に耕作したりして、掻き乱されたところから偶然見つかるというような事例がまま見られ、出土した状況から得られる情報が少ないために、祭祀目的が判然としません。

もうひとつわからない点として、仮面の個体差が非常に大きい反面、出土数が少ないということがあります。土器などの日常的に使用する道具は形態から用途を推察することが比較的容易にできますが、祭祀に関する、人の精神世界に関わる遺物というものは、用途を推察しにくいという難点があります。土面の個体差だけに関しても、単純に製作された地域の習俗を反映しているのか、異なる理由があるのか、など立証しにくい問題が多くあります。

【民族例から見た仮面の用途】そもそも、土面に限らず、仮面とはどのような役割を持っており、人々は仮面に何を期待しているのでしょうか。世界の民族例を参考に探ってみたいと思います。現在、狩猟採集生活を送る民族の中には、仮面の文化を有する民族もいます。それらの民族の事例を見ますと、仮面の使い方として、顔に被る、額に当てたり首や腰に下げる、特別な建物の壁や破風などにかける、死者に被せる、墓標として使用する、ムラの中の神聖な場所に安置するなどが見られます。

では、それらの行為の目的は何かといいますと、自分たちの先祖を祭る祖霊祭祀《それいさいし》や、生きていくうえで必要な食物が安定して獲得できることを願う豊饒・豊猟（漁）祈願、悪霊や災厄から身を守る厄除け、病気の治癒を願う、集落や社会の成員となるための儀礼・儀式（イニシエーション）など、あくまで一例ですが、このような用途があります。

そのような情報も参考にしつつ、縄文時代の仮面文化を、もう少し探ってみたいと思います。

【出土状況から探る仮面の用途】先ほど、遺構に伴う土面が非常に少ないと申し上げましたが、全く無いという事ではありません。数は少ないのですが、遺構から出土した土面もあります。まずは、それらの資料を足がかりにしたいと思います。

長野県御代田町《みよたまち》にある滝沢遺跡《たきざわ》では、耳形の土製品が出土しています（図5－3）。先にご覧いただいた立石遺跡の資料に比べ、やや大振りですが、一番の相違点は紐を通すための小孔が無いということです。縄文時代後期中葉頃と考えられています。一方、滝沢遺跡の資料はそれよりも古く、縄文時代後期前葉となっています。このことから、出現当初は紐孔を有しておらず、別の方法で固定され

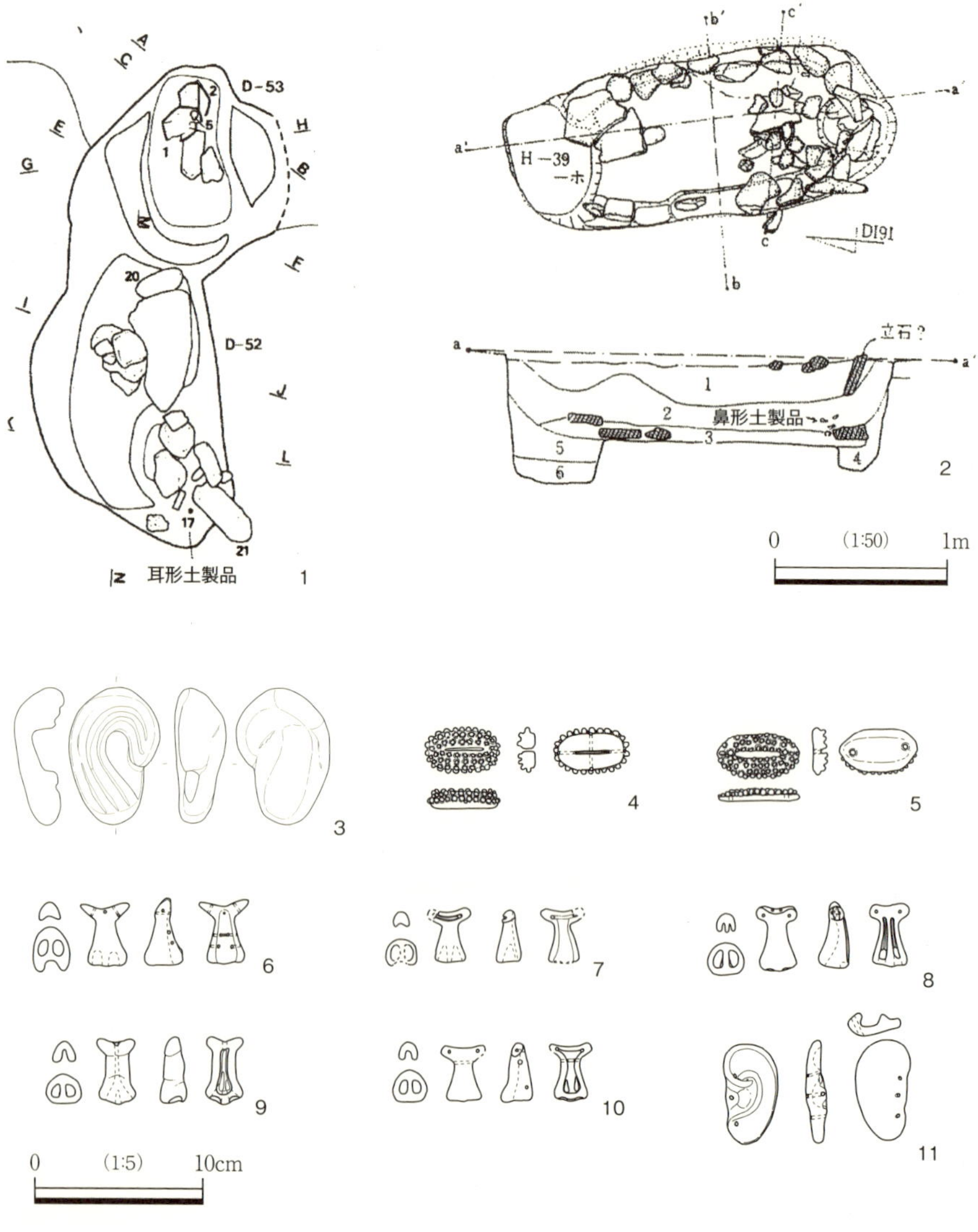

図５　遺構に伴う仮面資料(１)

１・３：長野県滝沢遺跡　２・４～11：岩手県八天遺跡

ていた可能性が考えられます。また、この一例だけでは判断は難しいのですが、組み合わせ型の土面は長野県あたりで発生し、その後東北地方へ伝播した可能性があります。

さて、この滝沢遺跡の耳形土製品ですが、墓と考えられる穴から出土しています（図5－1）。この遺構からは、大きな石の塊がありまして、恐らく墓石のような性格のものであろうと推測されています。その石の間から土製品は出土しており、副葬品と考えられています。

同様に、墓に土面が伴う事例は岩手県でも確認されています。岩手県北上市にあります八天《はってん》遺跡では、耳や鼻、口など複数の組み合わせ型土面の部品が出土しています（図5－4～11）。このうち、図5－6～8は「H－39－E遺構」とされた墓と考えられる遺構から出土しております。ただし、すべてがまとまって出土したわけではなく、穴に土が埋まっていく過程において、複数回に分けて入れられたことが出土状況からうかがえます。遺跡の調査を担当された方の見解では、この墓には三人くらい埋葬されたのではないかとされています。そうであるならば、一人に対して一個の鼻形土製品が伴うということになります。この他、組み合わせ型土面の部品が出土した遺構は、報告書の記述によりますと物を貯蓄しておくための穴（貯蔵穴）とされているのですが、これらも墓穴として機能していたのではないかという見解も示されております。（註5）

墓の中からの出土ではありませんが、墓に土面が関連するという事例は北海道でも見られます。

これまでのところ、北海道における縄文時代の仮面は、ママチ遺跡から出土した土面一点のみとなっております。この仮面は、縄文時代晩期後葉の墓穴の上面から出土しました（図6）。この墓には、小さな穴があり、墓標となる杭を立てていたのではないかと考えられています。土面は墓の上から、面が上を向い

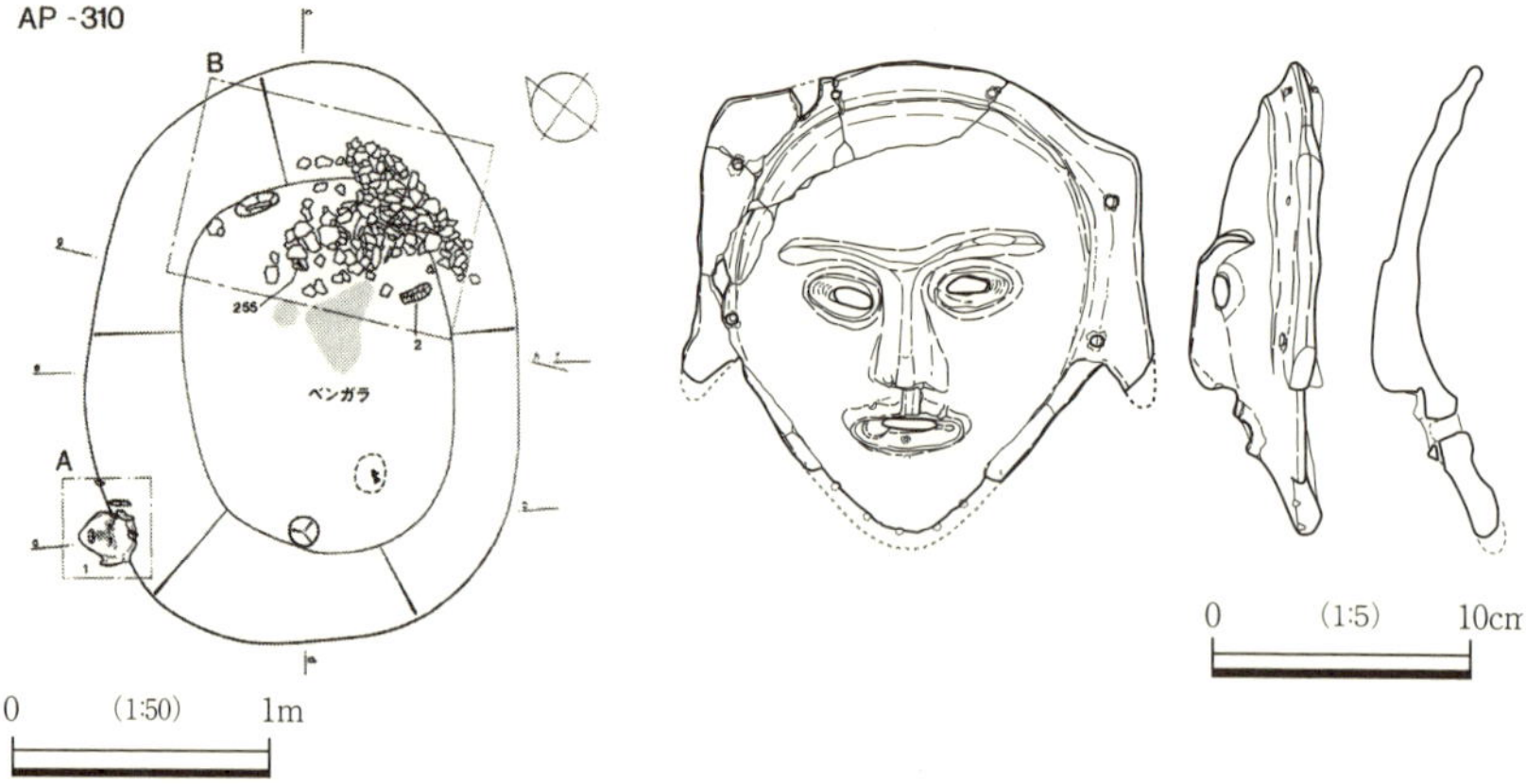

図６　遺構に伴う仮面資料（２）

た状態で出土しました。残存状況は良好で、顎や頭頂部が若干欠けていますが、ほぼ完形の状態を保っています。この欠損部につきましても、意図的に破壊したとは思われないことから、本来は墓標である杭に縛り付けられていたものが落下したのではないかと結論付けられました。墓標に仮面を縛り付けるという習俗は、実際に一八八一年頃、ベーリング海峡を生活領域とするイヌイット（エスキモー）に認められたという記録があります。ママチ遺跡においても同様の使われ方がなされたのではないか、そして、この墓に葬られた人こそ、実際に土面を使った司祭者だったのではないかと推察されています。

以上のことから、縄文時代の仮面の全てではありませんが、一部は葬送儀礼に関わる使われ方がなされたのではないかということが窺えます。しかしながら、他の多くは先に申しましたとおり、遺構に伴わないか、遺構から出土したとしても既に遺構本来の機能が失われた状態の場所（例えば竪穴住居ですと、廃されて窪地となった場所が徐々に埋まりつつある場所など）に捨てられた状態で出土しております。

それでは、出土状況からの情報が少ないのであれば、土面そのものから何か得られるものはないだろうかと概観しておりましたところ、少々気になる点がありました。

これまで、縄文時代の土面は偶然見つかることが多く、一遺跡からの出土点数も一点が多かったのですが、近年の発掘調査によって、一遺跡から二点ないし三点、最も多い場合ですと二〇点と、複数の土面が出土する事例が報告されています。そうした複数の土面が出土した事例を見てみますと、地域や時期を越えて、ちょっとした共通点が見えてきました。その点についてお話させていただきます。

四 縄文人にとって土面とは

破壊される土面

図7－1の土面は、先ほど入墨型土面の説明の際に取り上げました石川県真脇遺跡から出土した土面です。若干目尻が吊り上がる表情をしていることから、よく「怒った顔の土面」などと言われています。真脇遺跡ではこの土面の他に、もう一点、顎の部分の破片資料が出土しております（図7－2）。同様の事例は大阪府仏並遺跡でも見られます。仏並遺跡では微笑んでいるかのような表情をした彩色型土面と、顎の部分の小破片、二点の土面が出土しています（図7－3・4）。

縄文時代の土面の多くは、破片で出土し、完全な形を残しているものはほとんどありません。この場合、捨てられた際に破損したのであれば、その後何らかの要因で動かされることがなければ、接合する破片がともに出土するはずなのですが、実際にはごく一部の破片しか出土しておりません。そうなります

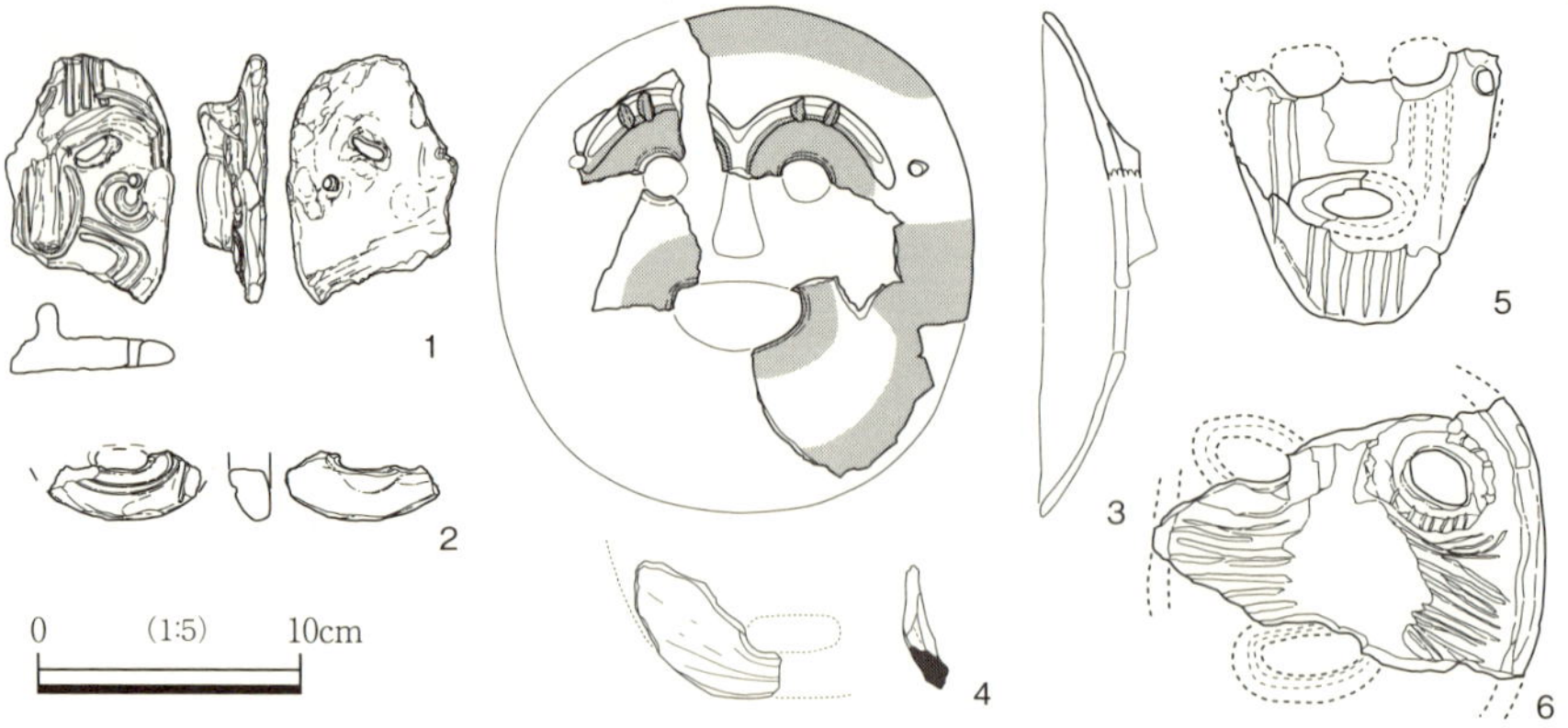

図７　土面に見る対照性と共通性

１・２：石川県真脇遺跡　３・４：大阪府仏並遺跡　５・６：宮城県沼津遺跡

と、捨てたときに偶然割れたのではなく、意図的に壊した後に廃棄されたと考えられるのではないかと思われます。こうした故意破壊については、土偶祭祀において度々議論されておりますが、土偶だけではなく、土面においても同様の行為がなされたのではないか、つまり、一連の祭祀の過程における最終段階で、土面というものは使った人たちによってわざと壊され、廃棄されたのではないかという可能性が窺えるわけです。

ところで、真脇遺跡の土面と仏並遺跡の土面を見比べますと、対照的な表情をしているように感じられます。怒ったような険しい表情の真脇遺跡の土面に対し、柔和な微笑みをたたえたような表情の仏並遺跡の土面。そして、いずれの遺跡からも全体形が復元できる程度の土面と、ごく一部分しか残存していない土面の二点が出土している。こうした対照点と共通点が窺えます。こうしたことから、縄文時代の土面は、水野正好氏が推察されたように、（註6）笑った顔や怒った顔、無表情な顔など、様々な表情を持っていた可能性があるのではないかと考えられます。それはつまり、縄文人にとっての神や精霊、祖霊に対し様々な感情を表したものを作り出していたのではないかということが、これらの資料から推察されるわけです。

対照的な土面はこれらの他にもあります。宮城県沼津貝塚では二点の入墨型土面が出土しています。図7－5は目の下に縦方向の入墨を施したもの、図7－6は目の下に横方向の入墨を施した土面です。これらの土面は、前者はやや細面の顔をしているのに対し、後者は横に広く、ややふっくらとした顔をしている印象を受けます。これも対照的といえば、そう言えなくもないのではないかと思います。これらの事例だけで判断するのは恣意的であるとのご批判もあるかと思いますが、祭祀において対照的な表情をたたえた土面を使用していたのではないかと推察されるわけです。

しかしながら、問題は各遺跡で出土している二点の土面が同時に存在していたことを証明することが困難であることです。真脇遺跡や仏並遺跡では、土面とともに出土した土器からいずれも縄文時代後期前葉であることはわかるのですが、土器が製作・使用された期間が長いため、その中で同時に存在したかどうかは証明できない。自分で書きながら、「ああ、おもしろいかな」と思ったのですが、現段階では証明できておりませんので、今後複数の視点から補完し、証明できればと考えております。あくまで今は着想段階といったところになります。

多量の土面を保有するムラ

最後に多量の土面が出土した青森県むつ市にあります二枚橋（2）遺跡の事例を見てみたいと思います。この遺跡では、一遺跡あたりの出土量としては日本最多となる二〇点もの土面が出土しております（図8）。土面はいずれも縄文時代晩期の遮光器型土面、もしくはその系譜にある土面です。大きさは様々

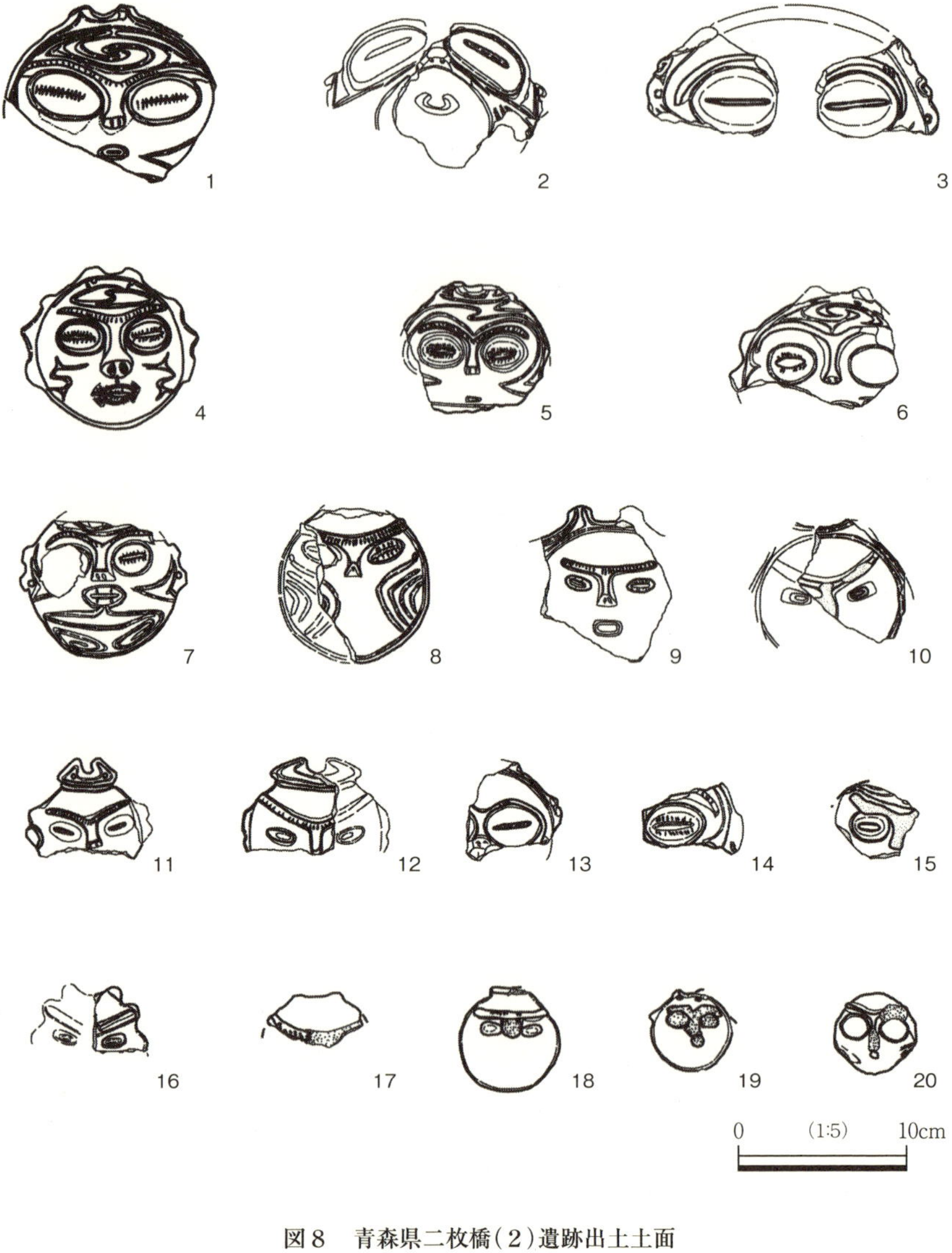

図８　青森県二枚橋（２）遺跡出土土面

でして、顔を覆い隠すことができる物もあれば、人が被るには不適であるものもあります。後者については、孔の位置から額に当てたり、首や腰から下げたと思われる物、また、非常に小さく孔もないため、手で持つなどして使用されたと考えられる物などがあります。

遮光器型土面の特徴といたしまして、土偶と同様の変化が認められるという点が挙げられます。遮光器土偶は製作時期により顔の形や文様が変化していることが、これまでの研究により明らかとなっております。こうした変化は遮光器型土面にも当てはまるため、土偶と比較検討することにより、土面の先後関係を知ることができます。加えて、二枚橋（2）遺跡では出土状況から、いくつかの土面が一時期に存在していたことが窺えます。それらのことを勘案しますと、二枚橋（2）遺跡では、土面を被る人、首や腰から吊り下げる人、手に持つもしくは置くなどの用途が組み合わされた祭祀が想定されます。想像をたくしくしますと、土面が括られた木や杭が立てられた祭りの場において、複数の人間が土面を身に付け祭祀を執り行っている様子が思い浮かびます。

このような想像をいたしますと、具体的に土面が何に使われたのかはっきりわかっていないのですが、やはり真脇遺跡と仏並遺跡に認められるような土面の表情の二面性に魅力を感じます。つまり、自然界に存在する二面性を土面に投影する祭祀が行われていたのではないかと考えるわけです。では、自然界に存在する二面性とは何かと申しますと、まず頭に浮かぶのは生と死という、生命の根源に関わる二面性です。もしくは、縄文人は、山や川、海など、現代よりもはるかに自然と近い距離で日々の生活を送っていたと考えられますので、自然から受ける恩恵と、人の力では抗うことのできない災害という二面性も考えられます。いずれも人智の及ばぬ力に働きかけるために仮面が用いられたのではないかと考えらえられます。

加えて、仮面が持つ大きな力に、視認することにより共通のイメージを有することができるということがあります。仮面を用いることにより、自らが属する集団において信じる神や精霊、祖霊の姿を誰もが共有することができます。そうして、共通の存在を作り上げることにより、集団や集落の紐帯としたのではないかと考えられます。しかしながら、繰り返しとなりますが、縄文時代の仮面についてはまだまだわからないことばかりですので、今後、土偶などの祭祀遺物や集落の動向など、縄文時代の文化を複合的に考えて研究を進めていけたらと考えております。

【註】

1 山崎純男二〇一〇「九州における貝製仮面について」『MASK—仮面の考古学』大阪府立弥生文化博物館
2 江坂輝弥一九六四「岩偶と岩版・土製仮面・三角形板状土製品」『日本原始美術』2 講談社
3 大林太良一九九八『仮面と神話』小学館
4 大塚和義一九七五「縄文後期の仮面にみられる幻覚症状」『どるめん』JICC出版局
5 金子昭彦二〇〇一「東北地方北部における縄文時代の土面」『縄文時代』12 縄文時代文化研究会
6 水野正好一九七九『土偶』日本の原始美術5 講談社

縄文人の祈りと願い３

第３章
「縄文人の想い」を求めて
――遺跡から縄文人の営みを考える

岡田《おかだ》　憲一《けんいち》

一　遺跡から縄文の世界をみる

私は「縄文人の想いを求めて」というタイトルでお話しいたします。「縄文人の想いを求めて」などと、ちょっとフランス文学みたいなタイトルなので、どんな高尚な話かと思われるかもしれませんが、そんなに難しい話をしようというわけではありません。あまり堅苦しく考えないで、お聞きいただければと思います。

顔のない土偶

次頁の写真１は、第１章の瀬口さんのお話にもありました土偶です。見ての通り、人の形をしています。実はこれは「顔のない土偶」なのです。上には頭がありますけれども、パッとみたときに、目が二つあって、その下に口があって、うつろな表情の土偶というふうに見えますが、ここで目のように見える二つの穴は、実は耳なのです。耳のところが穴なんですね。他の遺跡から出土した土偶と比較すると、ここが目ではなくて耳だということがわかります。その下のくぼみは、もちろん口ですが、この土偶は目と鼻がなく、のっぺらぼうで、口と耳だけがある、というちょっと変わった土偶です。これは奈良県の橿原《かしはら》市と御所《ごせ》市の境にある観音寺本馬《かんのんじほんま》遺跡から、我々、橿原考古学研究所の発掘調査によって出土したものです。この時の発掘調査担当は、私たちと同じく奈良大学のOBで、私の先輩にあたる方でした。この土偶はなかなかいい土偶で、実は平成二十二年度の「発掘された日本列島」展という、日本各地をグルグルと巡回する特別展で全国行脚したものなので、見覚えのある方もいらっしゃるかと思います。

写1　顔のない土偶（奈良県観音寺本馬遺跡）

秋津遺跡で見つけたもの

観音寺本馬遺跡の南の方には秋津《あきつ》遺跡があります。私はここを平成二十二年度、二十三年度と継続して発掘調査しております。秋津遺跡は京奈和自動車道御所南インターチェンジの予定地で見つかった遺跡で、写真2の左が調査の様子です。私は主に縄文時代を研究しているのですけれども、秋津遺跡は古墳時代のほうが有名でして、葛城《かつらぎ》氏《し》という豪族の前史と申しますか、その前夜とでも言うべき時代の歴史を物語る遺跡ではないかということで有名になりました。

　この遺跡では、古墳時代より下層のほうの調査も実施しまして、そこでもやはり縄文時代の遺構を見つけだすことができました。古墳時代の地面があって、そこから二mくらい下がったところに、縄文時代の地面が検出できたのです。縄文から古墳時代までの間に、ずいぶんたくさんの土や砂がたまったことが良くわかります。写真2の写真左下部分に竹串がたくさん刺さっていますね。この竹串はもちろん現代のものですけれども、竹串の下には縄文時代の土器・石器が、ばらばらと散らばっている状態です。最近、新聞でも報道されましたが、翡翠《ひすい》製の管玉《くだたま》「縄文管玉」（写真2右下）といったものが出たり、他には生々しいノコギリクワガタ（同右上）が出たりと、ちょっと有名になりました。元々、古墳時代の遺跡として売り出しをはかっていたところが、このごろはノコギリクワガタ発掘遺跡として知られるようになりま

写2　左は奈良県秋津遺跡の発掘調査の様子、右は出土したノコギリクワガタ（上）と翡翠の管玉

して、何の遺跡だかよく分からないという状態になりつつあって、縄文研究者の私としてはちょっと戸惑っているくらいです。

二　縄文時代の集落のすがた

観音寺本馬遺跡の発掘調査

さて、本題に戻りたいと思います。この遺跡の位置を確認しましょう。図1ですね。奈良県の北端部に奈良大学がありまして、その南方、奈良盆地の南の端に、私の勤務先、橿原考古学研究所があります。ここは、実は「橿原遺跡」という、一九三七年に発掘された非常に大規模な縄文遺跡のある場所で、その発掘調査を契機として橿原考古学研究所が発足したわけですから、元々は縄文遺跡の研究機関でした。それが今では、弥生時代とか古墳時代とか飛鳥時代とか、そのあたりで有名になっていまして、私のように縄文をやっておる者は、非常に少なくなっております。

橿原考古学研究所では、近年、図1のアミガケで示し

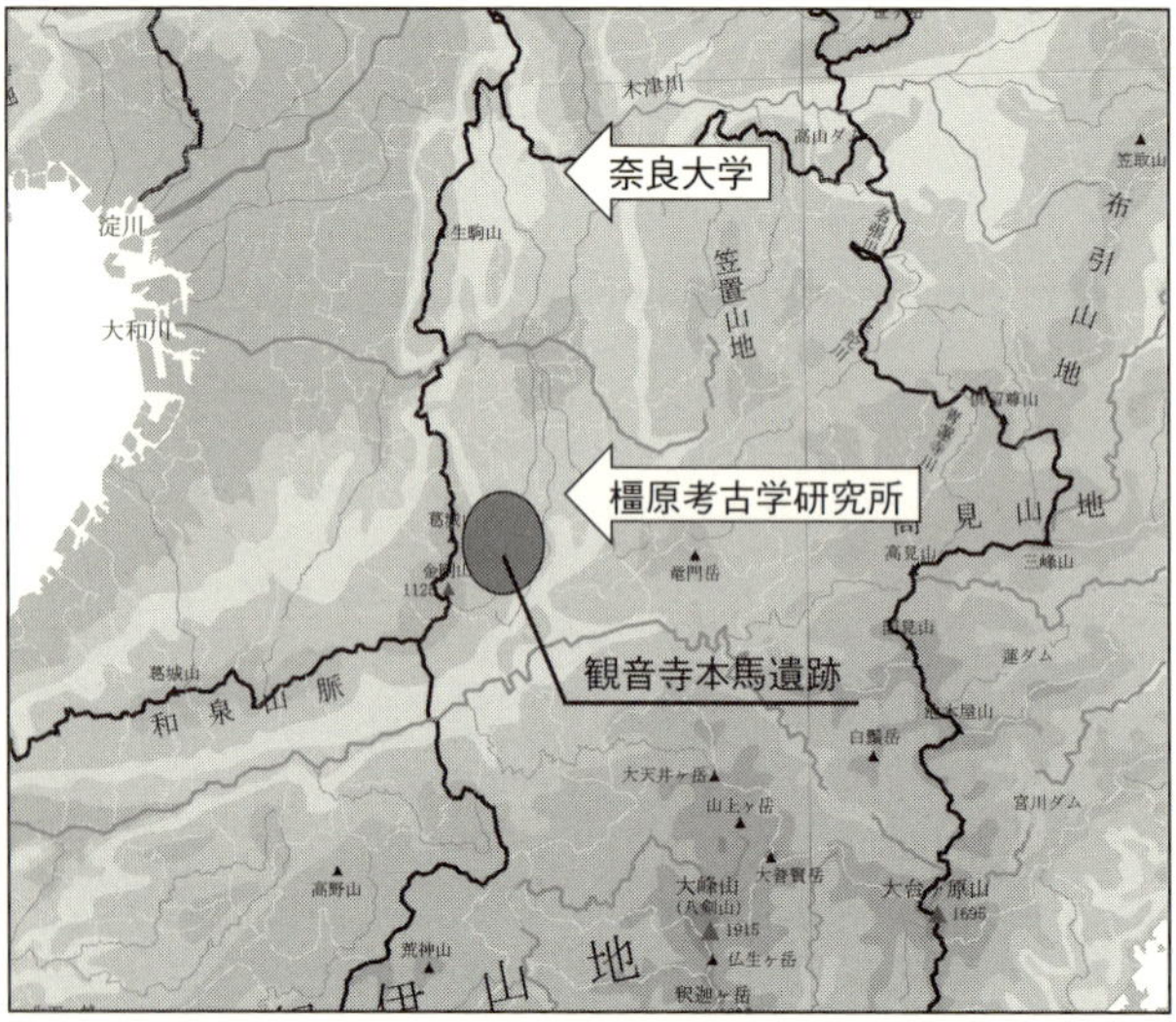

図1　観音寺本馬遺跡の位置

た部分での発掘調査を多く手掛けています。というのも、京都・奈良・和歌山を縦断する京奈和自動車道という道路が建設中で、この道路工事に伴う発掘調査により、非常に多くの遺跡が見つかってきたわけです。その中の一つが写真1の土偶が出土した観音寺本馬遺跡ということになります。

この観音寺本馬遺跡ですが、土偶だけが有名なわけではありません。ここから出土した遺構、遺物の内容には、非常にすばらしいものがあります。図2をご覧ください。たとえば、左下のほうでは、住居と墓がまとまった形で出てまいりました。また、「加工場」と示された部分がありますが、これは植物とか木の実とかを加工する場所です。さらにクリ林ですね、クリの木の林が見つかってきた。住居・墓・加工場・クリ林がセットで発掘された、この点で非常に興味深い遺跡であります。

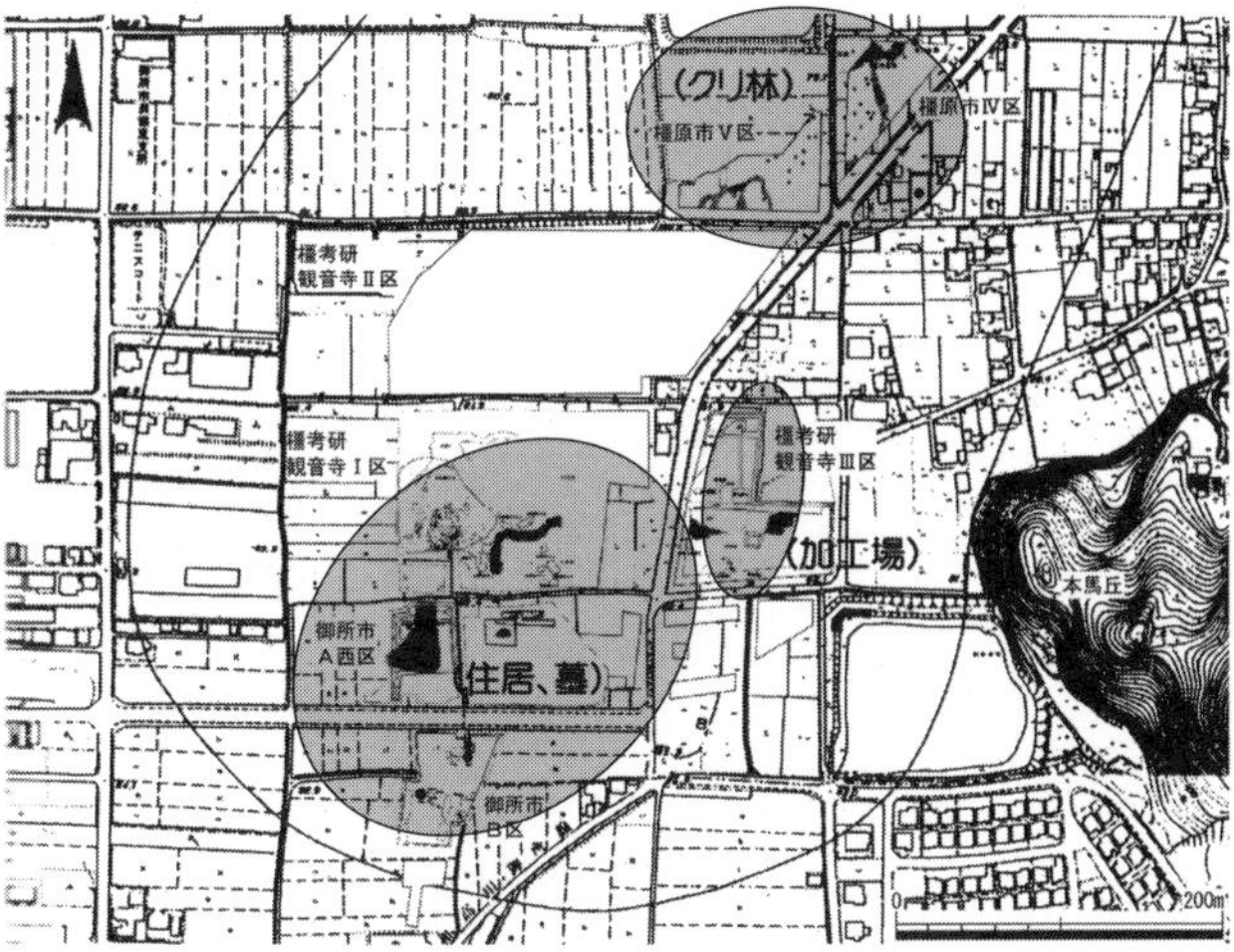

図2　観音寺本馬遺跡の遺構見取図

ところで、このクリ林の部分をもうすこし詳しく見ると図3になります。この調査した範囲、「調査区」と呼びますが、調査区の中に川が流れていて、その周辺に黒い点がたくさん打ってありますね。この黒い点の一つひとつが、全てクリの木だということがわかったわけですね。野生のクリの林でこれほど大規模なものは、なかなか考えにくいので、おそらくは縄文人が管理して栽培し、クリの実を採取していたのではないかと推理されるわけです。つまり単に自然のなかで拾える木の実とか、あるものだけを採って生活していたのではなく、農耕とまではいかないけれども、自然に少し手を加えていくことで、自然の恵みをより獲得しやすいように、手に入れやすいように、工夫と努力をしていたということが分かった遺跡です。ちなみに、この部分は橿原市教育委員会で調査されたのですが、この担当も、私の先輩で、瀬口さんの後輩にあたる方でした。

いくつか紹介させていただきましたように、この観音寺遺跡では、とにかくクリ林、加工場、住居や墓という、それぞれの使い分けが、はっきりと見てとれる点が特徴です。さらに住居と墓がある場所と、クリ林がある場所の間が空白になっていますね。この部分も実は発掘調査を行ったのです。発掘はしているのですけれども、この場所では縄文時代の生活痕跡や利用痕跡などが、全く見つからなかったのです。何もみつからなかった、これも実は非常に重要な成果であります。このように住居・墓・加工場・林といったも

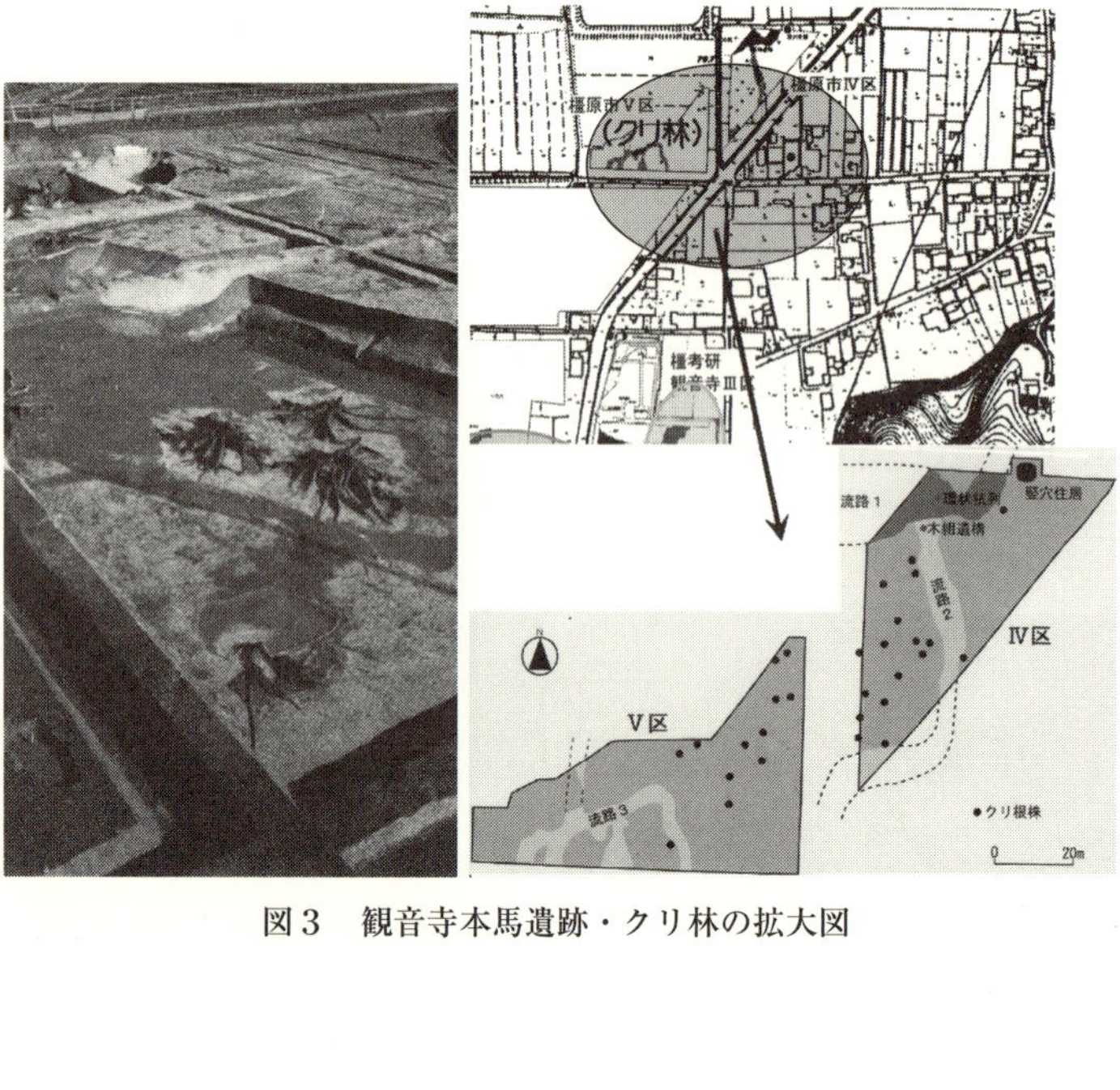

図３　観音寺本馬遺跡・クリ林の拡大図

のがセットで見つかるという事例は非常に稀です。

縄文時代のムラの景観

こうした「ムラの景観」という捉え方は、縄文時代の集落研究では、これまであまり重視されて来なかったと思われます。縄文時代の集落研究と言えば、大体がまず竪穴住居とかの家を中心にして考え、その次に墓でしょうか。家と墓があって、つまり今の村とか町で言ったら、自分たちの家がたくさん建っている場所と墓地、あとはお寺とか、そういうものだけを見つけておいて、一生懸命ムラのあり方とかを語ろうとするのが、縄文時代の集落研究の主要な特徴です。

ところで今、改めて考えてみれば、家と墓だけではムラはできません。例えば子どもを遊ばせる公園があったりしますし、道路も必要でしょう。それらがないと生活しづらいわけです。そういうものに目が向けられることは少ないのですが、実は古い段階でこのことに着目した研究を手掛けられた方がいます。

図4は、奈良大学名誉教授、水野正好先生の一九六九年の論文に掲載された図面です。もう四〇年以上前になります。この図自体は論文のメインではないのですが、私はこの論文の中でこれが一番好きですね。というのは、広場があって家があって、それに伴う貝塚があってと、これが一般的には集落のイメージですが、この他にも道路があり、その向こうには畑がある。その奥には原生林、狩場があって、皆がここに行って狩をして、また帰ってくるんだ、という全ての景観がセットになって描かれています。そして水野先生は、この住居は家族の使う場所である。住居にはそれぞれ家族が住んでいて、貝塚、これは「ごみ捨て場」ですね、ごみ捨て場をつくっていく。また広場があり、さらに道路がある。これはムラ共用の

場所ですね、ムラの皆で使う場所。この畑というのは、ムラの皆で使う場所であるが、家族が利用することも認められている、そういう場所だと言われているわけです。単に家があって、墓があって、それでこんなに大きなムラですよという話ではなくて、具体的な人の姿、人の営みというのが見てとれる図だと私は理解しています。だからこの図が非常に好きなのです。

水野先生はイメージだけではなくて、この広場について、もう少し具体的なお話もされています。そこの広場の部分だけを抜き出したら、縄文集落の典型的なイメージというのは、こんな感じだというのが、図4の右側の図面です。これは岩手県西田遺跡という、有名な縄文時代中期の遺跡です。真ん中に広場があり、広場の下にお墓があって、遺体が埋まっているわけですね。そしてこの広場を中心に建物がめぐっています。この中で四角い枠で囲われたものが建物ですが、これは「掘立《ほったて》柱《ばしら》建物」と言いまして、柱を地面に直接据え付けてつくられたものです。この建物については家だとする説とか、葬式に関係する建物だろうとか、蔵だろうとか、色々な説があって、いまだに意見の一致は見られません。その周りには縄文時代によくみられる竪穴住居がめぐっています。広場が丸い形をしていますので、この建

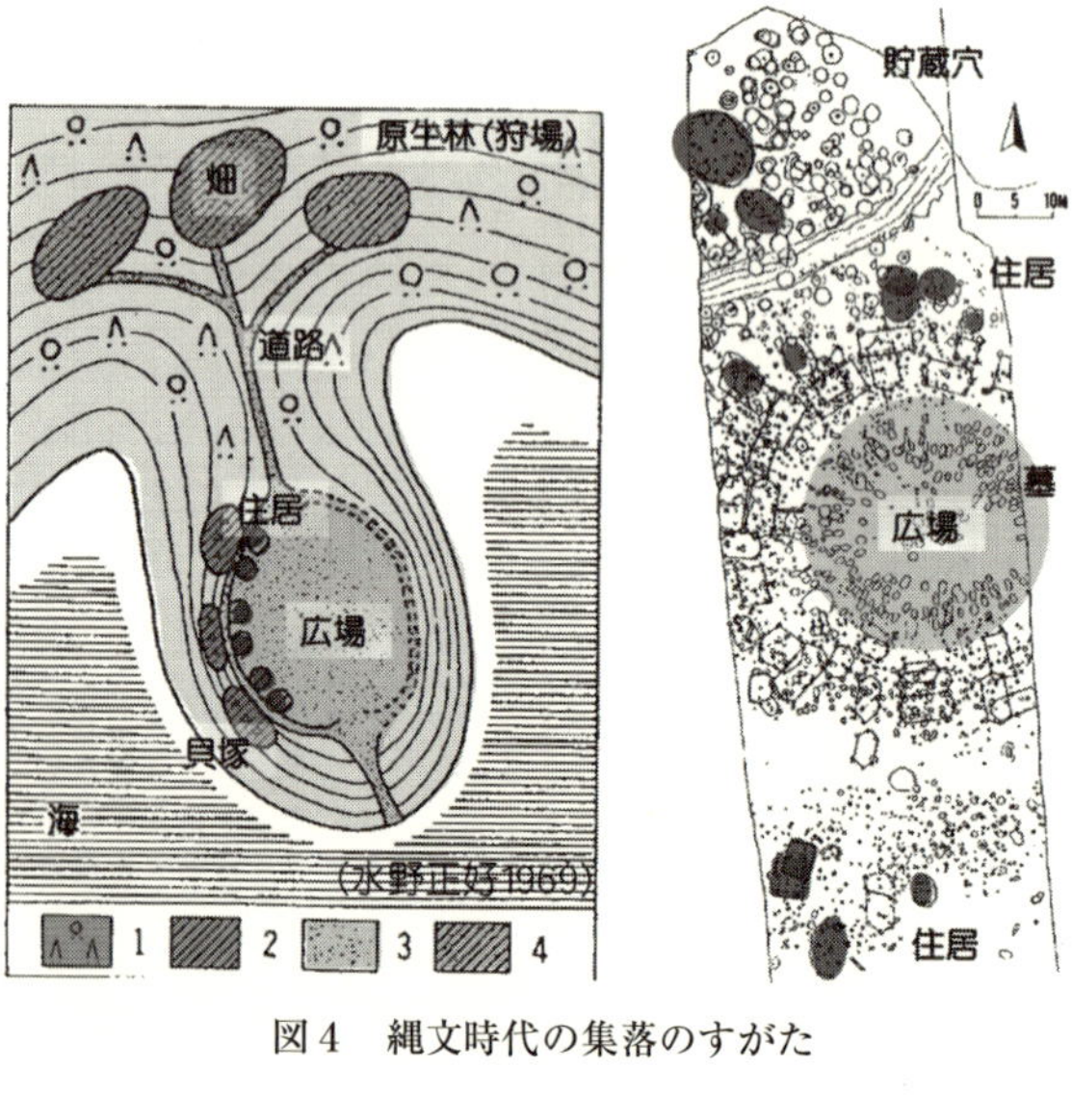

図4　縄文時代の集落のすがた

物群も必然的に、このように丸くめぐっていくことになるわけですが、水野先生はこういう形を「バームクーヘン構造」などと呼ばれていたと思います。

観音寺本馬ムラの場合

ここまでで、縄文集落の景観と典型的縄文集落の姿を一つずつ見ていただきました。もう一度、観音寺本馬遺跡に戻りたいと思います。

図2を見ていただくと、住居とクリ林が少し離れていて、現在は道路となっている部分がありますね。ここは当時もクリ林へと向かう道があったのかもしれないですね。今の道路が縄文時代にも道だったのではないか、と考えるわけです。ただ意外に思われる方が多いかもしれませんが、考古学的には「道」というものを見つけることが、実はなかなか難しいのですね。人が歩いて固まっている跡を探すわけですから。古代や中近世のように両側に排水用の溝などが掘られていればいいのですが、縄文時代の場合は、あまりそういうことをしていませんので、見つけることがなかなか難しいわけです。なんとかうまいこと掘って、この間で縄文の道を見つけたいと思うわけですが、今のところは見つかっていない、ということですね。

さて、クリ林については先ほど説明しましたので、次に口絵カラー写真1の住居址を見てください。これは皆さんのイメージとはちょっと違うかも知れません。中央部に少し盛り上がりがあって、写真では分かりにくいでしょうが、肉眼では赤く焼けたような色になっている場所がありまして、これが「炉《ろ》」、つまり火を焚いたところです。周囲には柱の跡があります。部分的に、ちょっと木材が残っていますが、ここに柱を立てて、壁を作って、この地面を床にして生活していたということが、分かるものです。竪穴住居は地面を掘り下げて、いわば半地下を床として使うのですが、同じ掘立柱ながら、これはちょっと違って、元の地面をそのまま土間として利用しています。そのため「平地式《ひらちしき》住居」とか「平地住居」と呼ばれています。縄文時代の後期・晩期になると、こういう建物が見えてきます。観音寺本馬遺跡の場合、平地住居がほとんど全てを占めていて、竪穴住居は見つかっておりません。

口絵図1は一番多く見つかっている場所での平地式住居の分布を示しています。赤い部分が住居で、水色で示したものは、「土坑墓《どこうぼ》」と言われる、地面に穴を掘って作ったお墓です。青い点は、地面に穴を掘って土器を埋めた遺構で、「土器棺墓《どきかんぼ》」と書いているように、これもお墓とされています。この分布を見ていただくと、非常にごちゃごちゃと入り組んだ印象を受けるのではないでしょうか。図4右の岩手県西田遺跡で見たような整った形の縄文集落とは、ちょっと違うなと、皆さんは感じられるだろうと思います。ただ西日本においては、典型的な環状集落、いわゆる「輪っか」の形になった集落は、今のところは見つかっていないのです。したがって現状では、環状集落は東日本のある時期にだけ発達した形であって、西日本では観音寺本馬遺跡に見られる姿が縄文ムラの一般的な景観だと考えられています。

もう少し観察すれば、帯状に住居が固まった部分や、墓が固まっている部分を見てとることもできるのですが、これもより具体的に分析を進めないと説明できません。こっちにひとつ家族なり親族なりが建物を造っている、その隣にはもう一つの別の親族が建物を造っている、そんなイメージなのかと、私は想像しています。それでお墓を一族の家の近くに造って、というように考えたりはするのですが、詳しくはこれからの課題であり、また私自身にとってのお楽しみということにしておきます。

観音寺本馬遺跡の成立はいつごろか

さて、観音寺本馬遺跡について、一通りご紹介しました。次はこれが縄文時代のいつ頃の遺跡なのかという点です。結論から言えば、縄文時代晩期という時期で、その中頃になります。時期をどうやって決めるかというと、土器型式というちょっとややこしいお話をしなければいけません。ただあまりややこしいと、わけがわからなくなってしまいますので一覧表(図5)にしてみました。

図5は、近畿地方の土器型式を、年代順に一覧にしたものです。観音寺本馬遺跡から出土した土器は、この表の中のどの型式なのかというと、「篠原式《しのはらしき》」と呼ばれる型式で、晩期中葉《ちゅうよう》、つまり晩期中ごろの土器が出ている、ということです。篠原式の中段階・新段階と呼ばれている時期の土器です。これを「放射性炭素年代測定法」という理化学的な方法を用いて測ってみますと、約

大別時期		型式(近畿)	型式(関東・東北)	較正暦年代(cal BP)	時間幅(年間)
後期	中葉	一乗寺 K1	加曾利 B2	3660 ～ 3530	150
		一乗寺 K2			
		元住吉山 I 1			
		元住吉山 I 2	加曾利 B3	3530 ～ 3470	60
	後葉	元住吉山 II	曾谷	3470 ～ 3400	70
		宮滝 1	安行 1·2	3400 ～ 3220	180
		宮滝 2a			
		宮滝 2b			
		滋賀里 1a			
		滋賀里 1b			
晩期	前葉	滋賀里 2a	大洞 B1	3220 ～ 3120	100
		滋賀里 2b			
		滋賀里 3a	大洞 B2	3120 ～ 3050	70
	中葉	篠原(古)	大洞 BC	3050 ～ 2950	100
		篠原(中)	大洞 C1	2950 ～ 2850	100
		篠原(新)			
	後葉	凸帯文 1a	大洞 C2	2850 ～ 2730	120
		凸帯文 1b			
		凸帯文 2a			
		凸帯文 2b	大洞 A	2730 ～ 2450	280
		凸帯文 3a			
		凸帯文 3b			

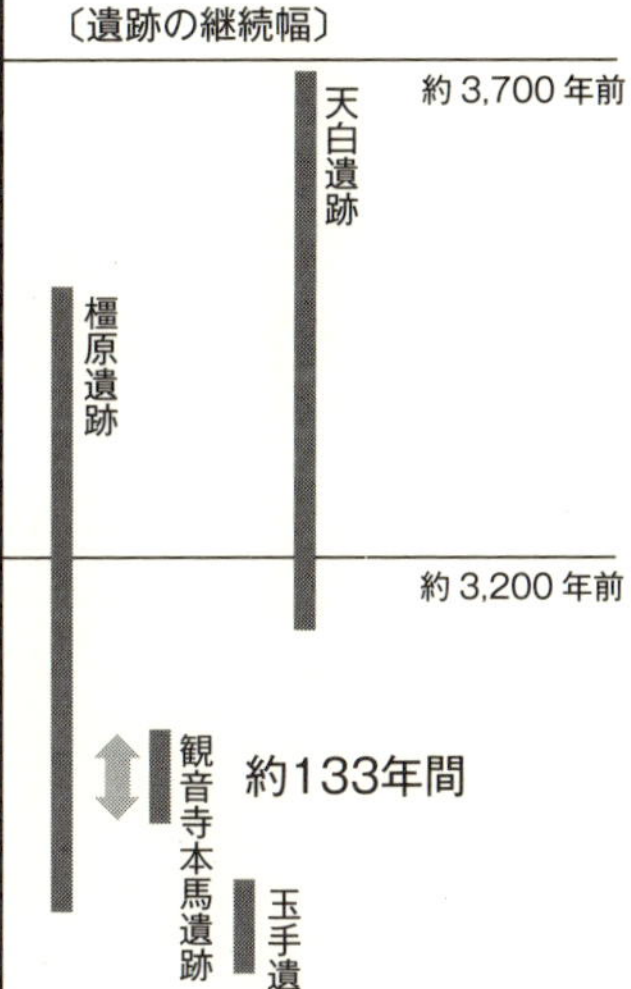

暦年代は[小林謙一 2006]より引用

図5 縄文土器編年表と遺跡継続幅

二九〇〇年前という年代が出ます。観音寺本馬遺跡の土器は、篠原式という土器で、その中でも中段階・新段階と言いましたが、これだと少し時間幅があるのですね。その時間幅がどのくらいか、ざっとですがいろんな年代位置から求めて計算してみますと、大体一三三年間くらいです。つまりこの観音寺本馬遺跡は、およそ一三三年位の間、営まれた遺跡だろうと推定するわけです。

図6でもう一度整理してみましょう。観音寺本馬遺跡の出土土器型式は篠原式の中・新段階です。継続時間は前述のように約一三三年間。検出遺構（見つかった住居とかの遺構）は、平地住居が一六棟、土器埋設遺構（土器棺墓）が二六基、土坑墓が一六基、これだけの数を見つけています。さて、そうしますと、さっき見た遺跡図に示された住居などは、実は、一時期に全部が存在したわけではない、もっと少ない数があったのが累積して重なっていったから、ああいうふうに、ぐちゃぐちゃと固まったように見えるのだ、ということが分かっていただけるかと思います。

それではある時期に、どれくらいの建物が同時にあったのかわからないのか。試算をしてみましょう。まず一つは、「累積世代数」というものを考えてみます。大体、一世代を二五年と仮定して計算しますと、一三三年間継続したわけですから、これを二五年で割ります。ごく単純な割り算で、五・三ですから、五・三世代分のムラだということになります。つまり「私」を基準に考えると、私の①父

観音寺本馬遺跡

出土土器型式　篠原式中・新段階

継続時間　133年間

累積世代数（1世代25年と仮定）

133年÷25年＝5.3世代

検出遺構					1世代あたり
平地住居	16棟	÷	5.3	＝	3.0棟
土器埋設遺構	26基	÷	5.3	＝	4.9基
土坑墓	16基	÷	5.3	＝	3.0基

図6　観音寺本馬遺跡の世代数・一世代遺構数

母、②祖父母、③曾祖父母、④さらにその上、⑤さらにその上、と、五世代余りの人々がずっと住んでいたムラだったのではないか、と考えられるわけです。次に、検出遺構数をこの世代数で割ってみます。平地住居は一六棟÷五・三で、一世代あたり約三棟。同様に、土器埋設遺構は四・九基、土坑墓は三基になります。つまり、観音寺本馬遺跡において、一時期に、一世代の間にあった遺構の数は建物数で三棟、住居が三棟だけあったと考えられるわけです。これを多いと感じるか少ないと感じるか、ここが一つ考え方の分かれ目なのですが、私は非常に少ないという印象を受けます。

一棟の住まいの家族構成は

ここでちょっと話題を変えて、竪穴住居について考えてみたいと思います。その例は縄文時代中期の住居の遺構で、千葉県姥山《うばやま》貝塚Ｂ９号住居址と呼ばれています。実は、発掘調査によって日本で初めて竪穴住居が確認されたのが、この姥山貝塚なのです。一九二六年の発掘によって、竪穴住居というものが具体的に確認された記念すべき遺跡です。

その記念すべき遺跡の竪穴住居の中からは、人骨がきれいに並んで出てきたのですね。当時、この人骨をどう解釈するのかをめぐって諸説がありました。一番有力な説は、全てがこの家に住んでいた人たちでフグを食べて中毒死した、苦しみながら、ここに折り重なるように、ばたばたと倒れていった、それがこの状態なのだと。まあなんか分かったような、分からないような説明ですね。もしこの仮説が正しいとすれば、この一軒の家に、どういう家族構成の人たちが住んでいたのかが分かりますね。出てきた人骨は五体分で、調べてみると、五体のうちの一体、４号だけが子どもだったのです。その他では１号と２号が成年で、大人の男性と女性が各一体、また3号は熟年の男性で、5号が老年の女性だということが分かりました。この結果から比較的年寄りの二人、3号の男性と5号の女性の二人は夫婦だろう、1号と2号の二人も夫婦だろう、との推定が行われました。二組の夫婦の年齢が近いので、親子などの二世代では無く、男性同士が兄弟とか女性同士が姉妹とか、おそらくはそういう関係で、この五人が一つの家に住んでいたのではないかという想定までなされたわけです。

ただ最近になって、人骨の方をさらに詳しく調べ、形態学的特長から親族関係を見直そうという研究もなされております。図8がその内容で、さっきの想定とは異なる結果が導き出されました。一つではなくて、二つの可能性が考えられそうだというのが、その形質人類学という、骨を見て研究する方々の考え方です。パターン1は、1号・3号・4号の人骨が非常によく似ているので、これは親子である。それで、1号・2号・5号というのが似ているので、これも親子である。この二組の親子というのが一つ家に残されていたんだというのが、一つ目の考え方。パターン2は、3号と5号が一

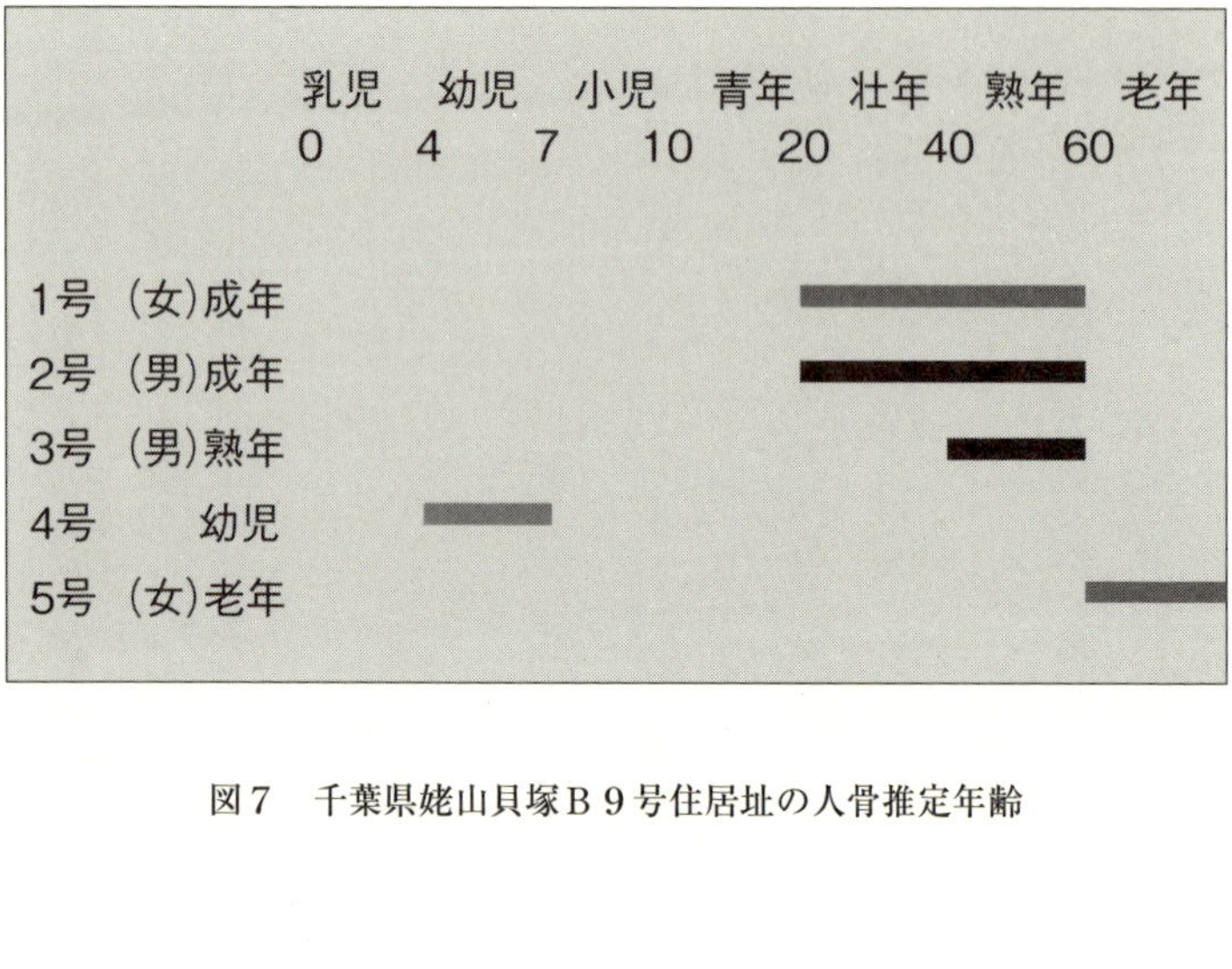

図7　千葉県姥山貝塚Ｂ９号住居址の人骨推定年齢

組の夫婦であって、その他の三人ともが子どもである、一組の夫婦とその子どもたちが残されたと考えようということになります。先ほどの勝手な推定とは、だいぶ様相が違った結果になります。特にパターン２の「一組の夫婦とその子どもたち」という構成だと捉えると、現代もありがちな居住のパターンと考えられますから、非常に分かりやすいかもしれないですね。対して上のパターン１の方はちょっと複雑で、こんな形で一つの家に住んでいたのか、よく分からないということになるでしょう。

　ただ、元々の前提に問題があるかもしれません。というのも、先ほど住居の中でフグ中毒死した、と言いましたけれども、そんなことがあるのかどうかですね。実はこの住居の中では、家財道具が一切、見つかっていないのです。家財道具もない住居の中で、フグ中毒で死んでしまうというのも、なかなかありえないことではないでしょう

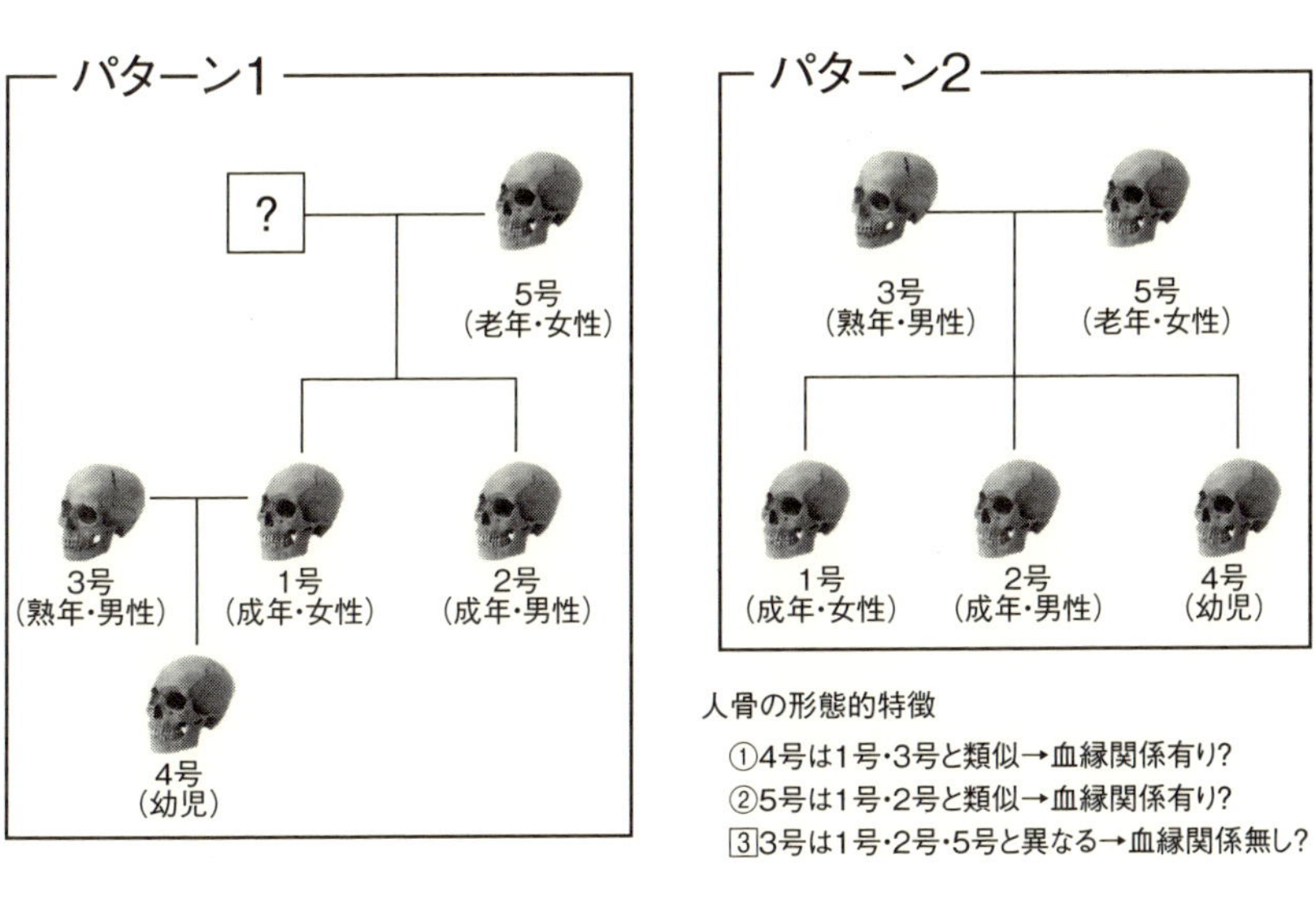

図８　姥山貝塚Ｂ９号住居址の家系推定図

か。そこで、別の所で死んだ人を家の中に運びこみ、埋葬したのではないか、という説も出てきております。その説によれば、家の中に残された人骨が、この家に住んでいた人であったとは言えなくなりますから、この姥山貝塚で一棟の住居に住んでいたのは五人の人々だとは決められないわけですね。

家の人口・ムラの人口

さて、そこで別の視点からこの問題を考えてみたいと思います。図9は、住居の居住人数を求めるための、関野《せきの》克《まさる》氏の公式というものです。関野さんは建築史の専門家で、一九三八年に提唱された非常に古い研究ですけれども、現在でも比較的有力な公式とされています。この公式では、一つの住居の居住人口は、「面積（㎡）÷3－1」である、とされます。非常にシンプルですね。これはどうやって求めたかというと、図9の住居址が何度も何度も建て増しされているのですね。増築されている、今風に言うとリフォームでしょうか。それから求めた公式なのです。一回目の住居は図9のⅠの大きさです。次にちょっと大きくなってⅡ、さらに大きくなってⅢ、さらに大きくなり…、と、段々と拡張されていきますが、この一回に拡張される面積が、大体3㎡なのですね。この3㎡は、どういう理由で増築されるのか、実は現在の我々も同じような経験をしています。子どもが生まれたから、一つ部屋を増やそうとか、それと同じ発想なのです。一人の人口増に対して面積が3㎡増えている、つまり一人の人間が生活するのに必要な空間を3㎡と考えている、これが縄文人の発想だろうと、関野さんは考えたのです。ですから面積÷3で単純に居住人口が出るということになりますが、最後に「1」をマイナスするのは、およそ一人分は公共の空間、例えば炉とか柱とか、そういうものがありますので、それを引いてやろうという計算です。

そこで、この公式を姥山貝塚Ｂ９号住居址にあてはめますと、実際には五人なんていう数になりません。大体三人くらいになってしまいますので、関野さんはその当時から、姥山貝塚は家族全体の遺骸とした仮定が誤りか、または特殊な例であろうと指摘しています。

次にこの公式を、観音寺本馬遺跡にあてはめてみましょう。観音寺の住居はおよそ半径２メートルくらいのほぼ丸い形なのですね。円の面積は、πr^2（パイアール二乗）だと学校で習いましたけれども、半径２ｍの２乗、これに円周率3.14をかけると、12.56㎡、大体一二㎡ということになります。この住居面積を関野氏の公式「面積÷３－１」に代入しますと、「12.56÷３－１」で、居住人数は三・一九人。大体一軒の家には、三人くらいが住んでいただろう、という結果になります。

さて先ほど、観音寺本馬遺跡における一世代の住居数はおよそ三棟だと申し上げました。これでムラの人

住居居住人数
関野克（1938）の公式
面積（㎡）÷３（㎡）－１（人）

観音寺本馬遺跡の住居面積
半径2m ×2m ×3.14＝12.56㎡

1住居あたりの居住人数
12.56㎡÷３－１＝3.19人

1世代あたりの人口
3.19人×3棟＝9.57人

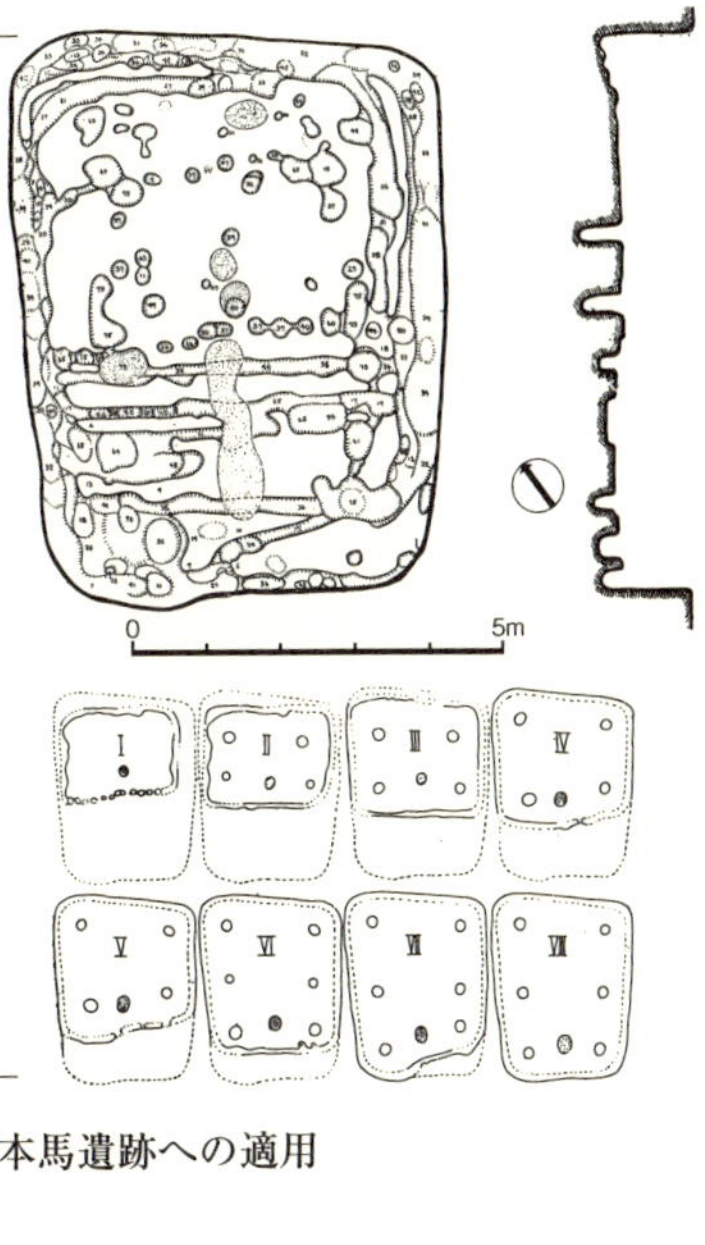

図９　関野克氏の公式と観音寺本馬遺跡への適用

口が算出できると思います。一世代あたりの人口は三・一九×三棟ですから、九・五七人。大体一〇人くらいだろうという計算です。だから、あのムラを作って一時期に住んでいた人というのは、大体一〇人くらいじゃないかなというイメージです。村の規模としてどのように考えられるでしょうか。一緒に暮らしている人々が一〇人しかいないということですね。観音寺本馬は遺跡としては大規模に見えますが、当時の実態としては、非常にこじんまりとしたムラだったのではないか、と考えられるわけです。

三　縄文人の一生

縄文人の平均寿命

ここで、縄文人の一生について、考えてみましょう。

現代の日本人の平均寿命が、世界でもトップクラスにあるということは、皆さんご存知のとおりです。図10にあるように、今日では八〇歳代に達していますが、少し前、明治時代や江戸時代の平均寿命は、大体四〇歳前後だったとされています。これが右肩上がりで伸びたのは、戦後の伸びが急激だったからで、それまではゆっくり、トントンとしたレベルでしか上がっていません。縄文人はどうだったのかというと、二五歳という年齢が示されています。しかし、この数字については、今のところ確かなことであるまではわかっていないのですね。

もう少し具体的な研究の例を挙げます。図11は人口学の小林和正《こばやしかずまさ》氏が、二三五個体の縄文時代の人骨を自分で観察し計測した研究の成果です。年齢・性別を全部調べた結果を年齢の階級別に、一五歳～一九歳、二〇歳～二四歳、二五歳～二九歳と並べて、その数、死亡年齢がどのくらいのところが一番多いのかを調べたものです。縄文人の男性と女性が太い実線と破線で示されています。このグラフでは二五～二九歳、三〇～三四歳のあたりに、非常に高い山がきているのが読み取れます。この年齢で死亡する縄文人が非常に多かったということが分かったわけです。これで平均年齢を求めてみますと三一歳ということになります。先に紹介した二五歳に比べて、少し高くなっていますね。しかし、実はこれだけでは縄文人の平均寿命というのはよく分かりません。平均寿命とは、〇歳の人があと何年生きられるかを表した数字ですが、小林さんの研究は一五歳以上の縄文人の骨だけを使って調べたものですから。

図12は現代人の平均寿命のグラフで、日本人のものを見れば、だんだん右肩上がりに伸びているのがわかります。世界平均も同様に

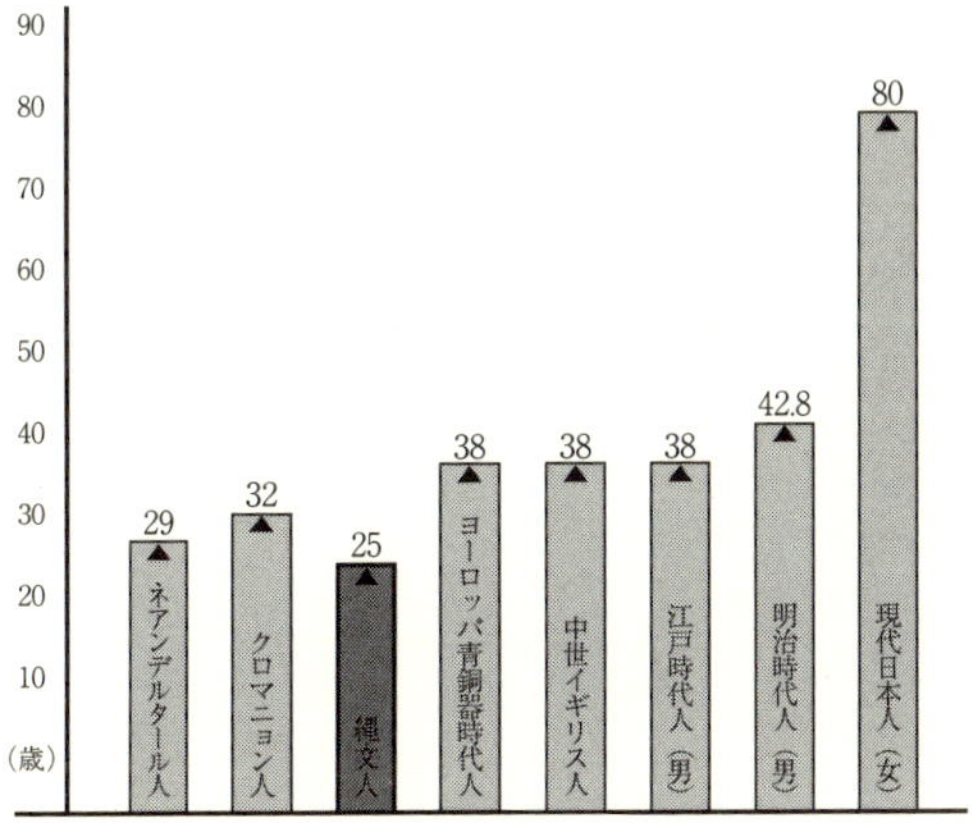

図10　平均寿命の比較

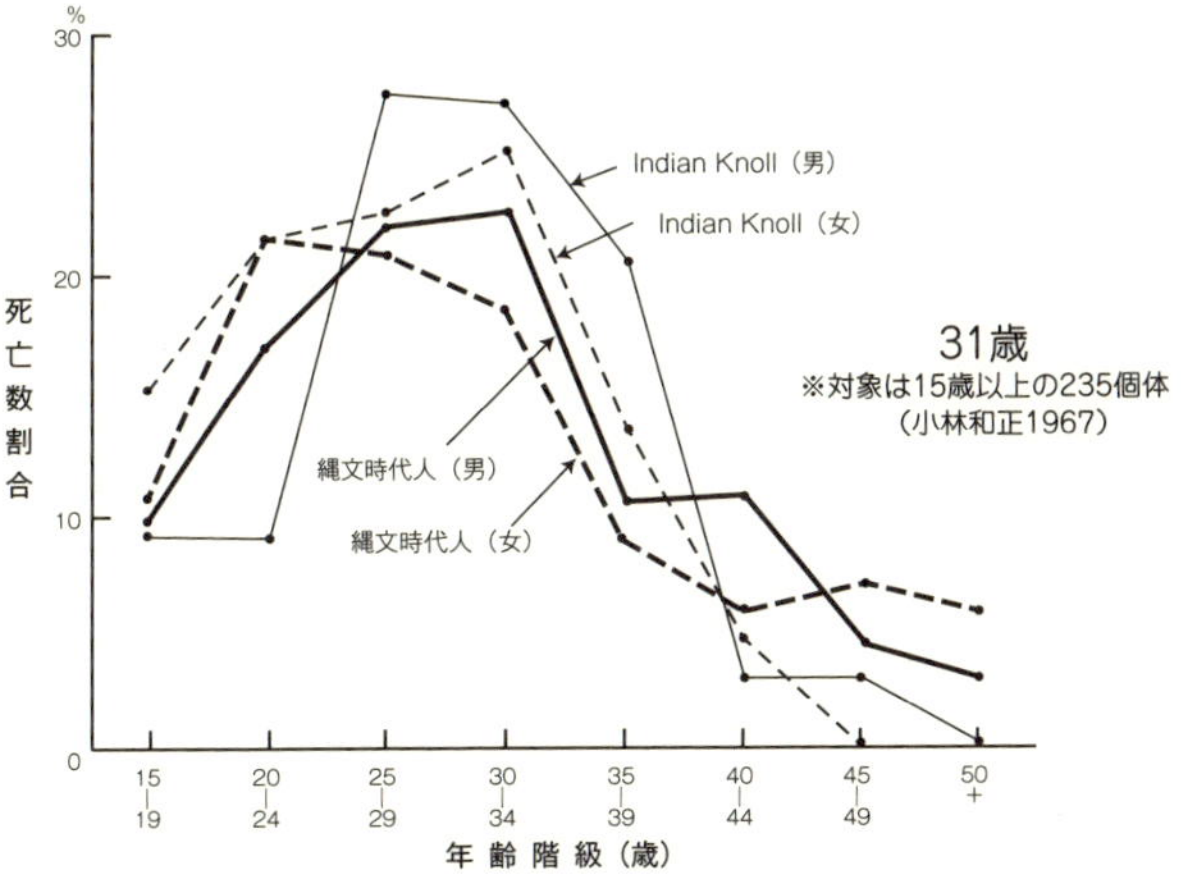

図11　小林和正氏の研究結果

上がっています。世界の中でも平均寿命の非常に低い国がありまして、例えばアフガニスタンとかアフリカの諸国ですが、大体四〇歳前後であることが分かると思います。平均寿命の高低というのは、どういうところに起因するのか、アフガニスタンとかアフリカ諸国では、栄養状態が悪いとか、戦争が多いとか、そういう要因で平均寿命が短くなっていることも、ご理解いただけるかと思います。

ただ、それだけではないのです。ここで注目したいのは、五歳以下の子どもの死亡率です。図13で人口千人あたりの五歳以下の子どもの死亡率を見ますと、日本ではそんなに高くないです、現在では非常に低いと言えるでしょう。これは子どもの時の衛生とか保育の環境の改善や、医療の発達によるものとされています。これに対してアフガニスタンでは、一九六〇年代で三五〇人くらい、現在でも大体一〇〇〇人あ

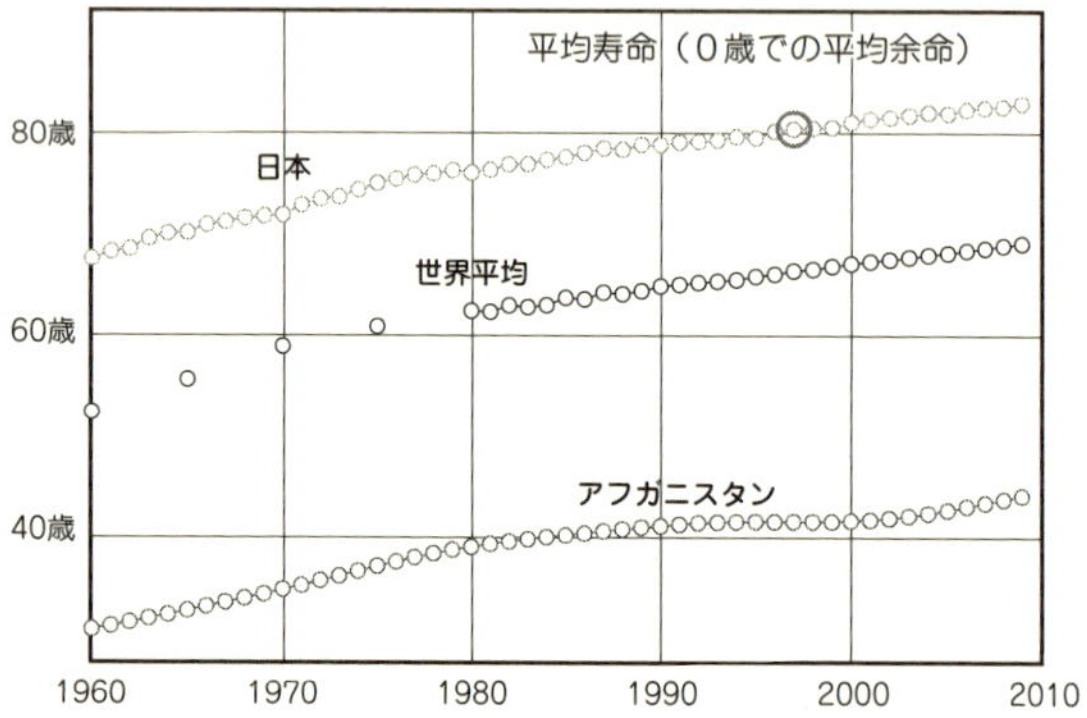

図12　現代人の平均寿命

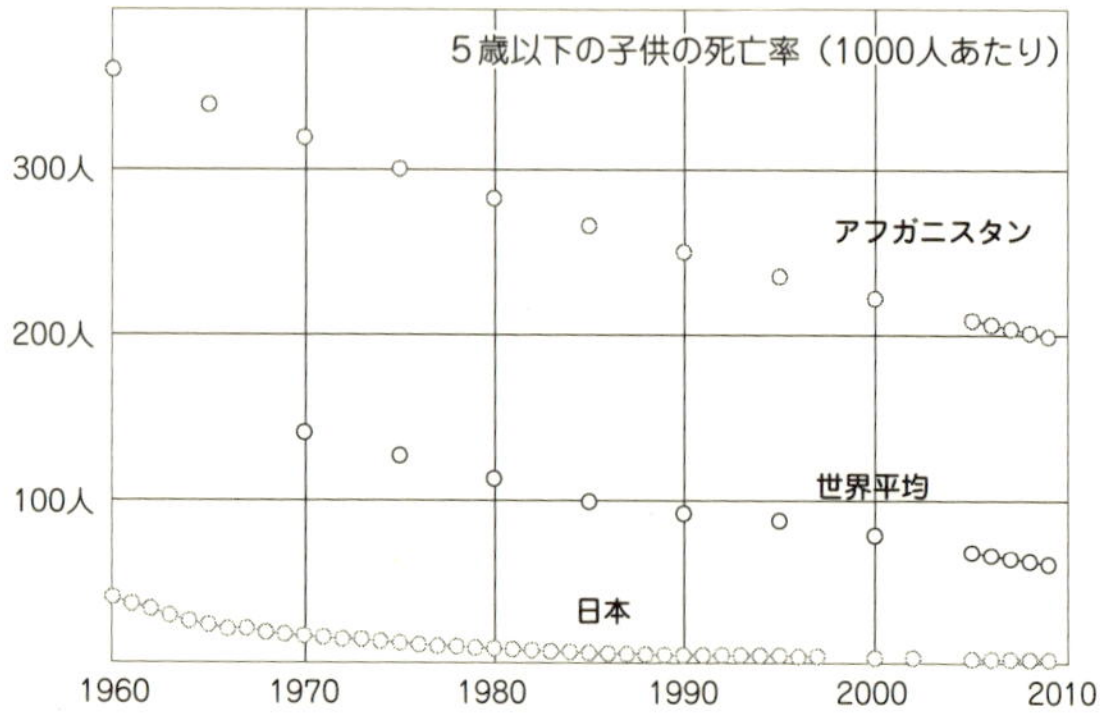

図13　5歳以下の子どもの死亡率

たり二〇〇人で、つまり十人子どもを生んだら二人は死ぬという状態です。だからこそ全体の平均寿命は下がっている、そういうことが見て取れるわけですね。

図14の上段は、日本人の死亡率の変化を示したものです。〇歳～一〇〇歳までずっとみますと、一〇歳くらいの死亡率が非常に低いのです。年をとれば、その比率が高くなるのがわかりますね。さらに一〇歳から左側、若い個体の死亡率が高くなっています。つまり赤ちゃんは死にやすく、一〇歳くらいが非常に安定していて、それからまた上がっていくということです。ちょっとグラフの性質が違いますが、図14の下段には先ほどの小林さんの一五歳以上の縄文人骨の死亡数と死亡割合を重ねてみます。すると三〇歳くらいの死亡というのが高くなって、一〇歳前後の死亡が低いというのは当然なのですが、それよりも低年齢でどうなっていたのかはっきりは分からないですね。左に向かって上昇傾向であることを考えると、おそらく縄文人の幼い個体の死亡率も高かっただろうと推測されるのですが、そうなりますとさきほど言った平均寿命の三一歳という数字はもっと下がって、縄文人の平均寿

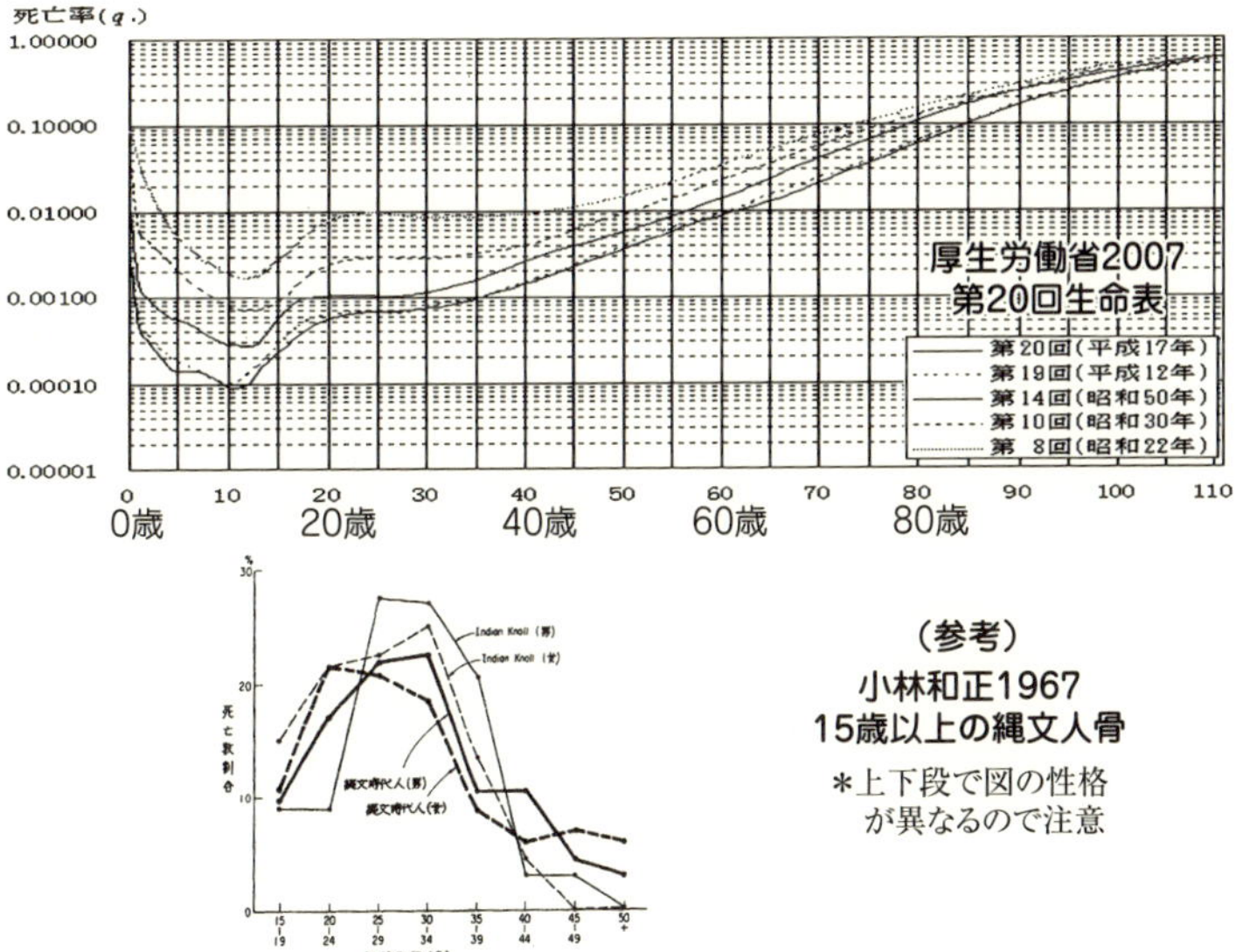

図14　日本人の年齢別死亡率の推移

命は二〇歳～二五歳、その程度だったのではないか、と考えられるのです。

観音寺本馬遺跡の人骨をみる

次に、具体例として、観音寺本馬遺跡で出た人骨の平均年齢を見ていきたいと思います。図15は観音寺本馬遺跡で出た人骨の一覧表で、年齢階層で区分してあります。大人だけではなくて、子どももある程度ある、つまり子どもの遺体というのも比較的多く見つかっている、子どもの死亡率も高かっただろうということがわかりますね。ここで注目したいのは、エナメル質減形成《げんけいせい》という現象で、これは歯に横のシマシマができるんですね。子どものときの栄養状態が悪いと歯の成長が滞って、こういうシマ模様が形成されることがある。つまり、これは、子どもの頃の栄養状態が悪く、成長するに当たっての栄養が足りていない、そういう状態ですから、これにより死亡率も当然高かっただろうと想定されるわけです。

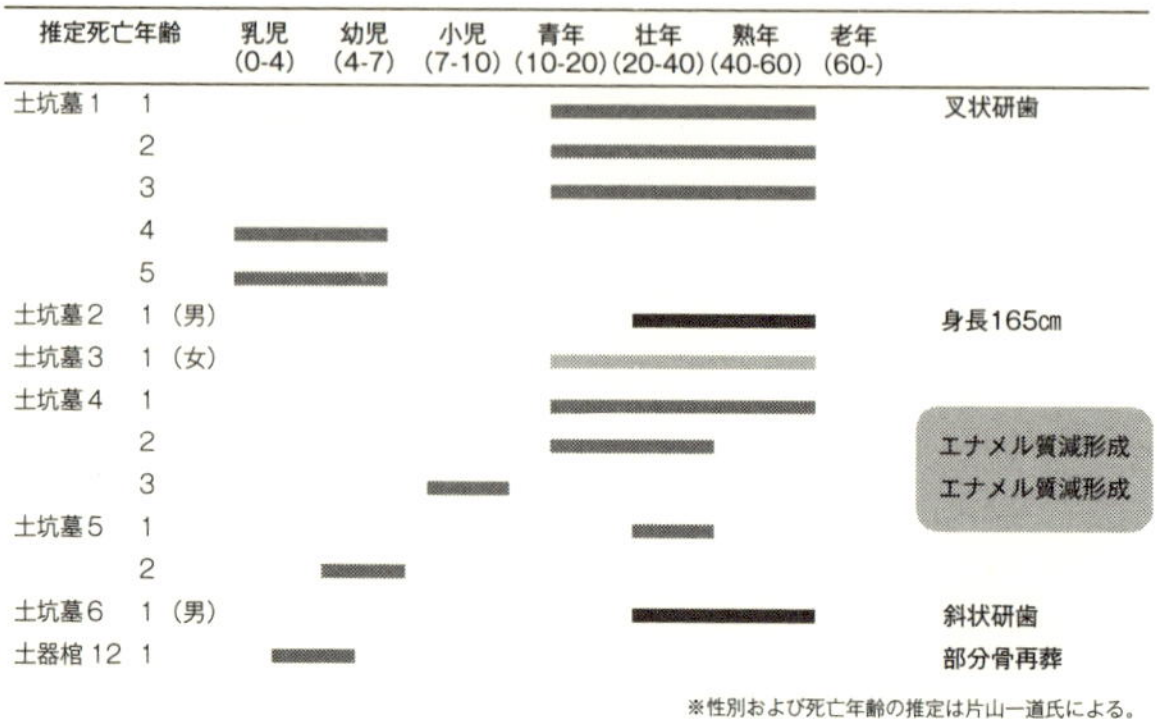

※性別および死亡年齢の推定は片山一道氏による。

図15　観音寺本馬遺跡出土人骨の推定年齢

四 子どもの墓

土坑墓と土器棺墓との違い

次に、子どもの墓を見ていきたいと思います。図16は滋賀県滋賀里《しがさと》遺跡と大阪府日下《くさか》遺跡の土坑墓の長径・短径を縦横にとったグラフです。穴を掘って墓を作っていますので、その掘られた穴の大きさをグラフにしたらこんな感じになる、というものです。大人の墓は、大体この四角で示した範囲に入っています。子どもの墓はおおよそ長さ一〇〇センチ、一mより小さいような穴になっている、ということがわかります。これに観音寺本馬遺跡の墓を重ねてみますと、これと大体同じくらいのところにくることがわかります。ただ観音寺本馬遺跡では、子どもの墓、子どもだけを単体で埋めた墓というのは見つかっておらず、写真5のように土器の中に収めた子どもの墓だけが見つかっています。こう考えますと、観音寺本馬遺跡では、大人は土坑墓だけれども、子どもは土器棺墓、土器を使ったお墓に埋めたのだ、とい

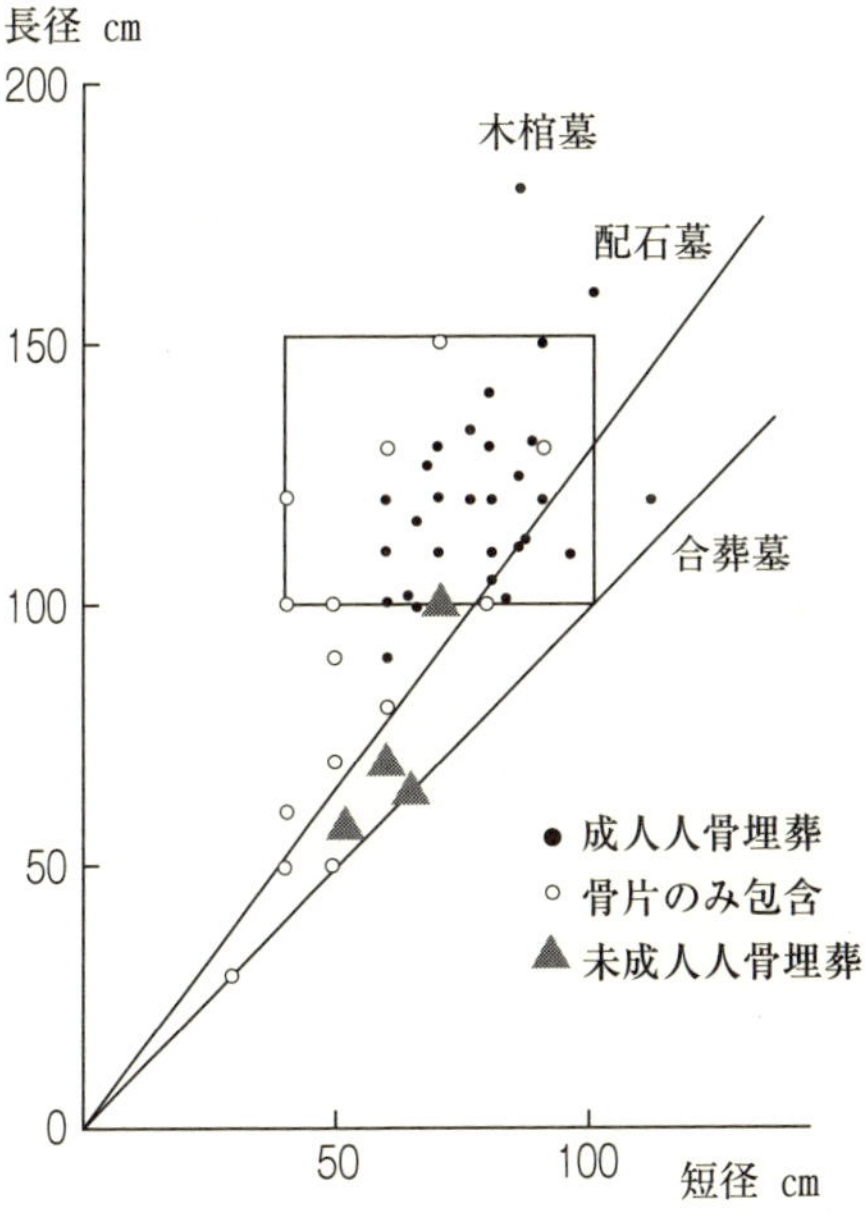

図16 滋賀里遺跡・日下遺跡の土坑墓規模

うことができますね。実際、同じ傾向は東海地方でも見られると報告されています。図17のモデルでは、東海地方の縄文時代晩期は、四歳までは土器に納め土器棺墓として埋葬し、四歳以降は、土に穴を掘った土坑墓に埋葬した、と考えています。

　ただ、そう決めつけることはできません。観音寺本馬遺跡では、確かに写真6のような土器棺は、たくさん出ているのですが、全部が子どもの墓かどうかわからないのですね。図18は滋賀里遺跡の同じ土器棺墓

写5　土坑墓と土器棺墓

観音寺本馬遺跡 土坑墓２　　観音寺本馬遺跡 土器棺墓１２

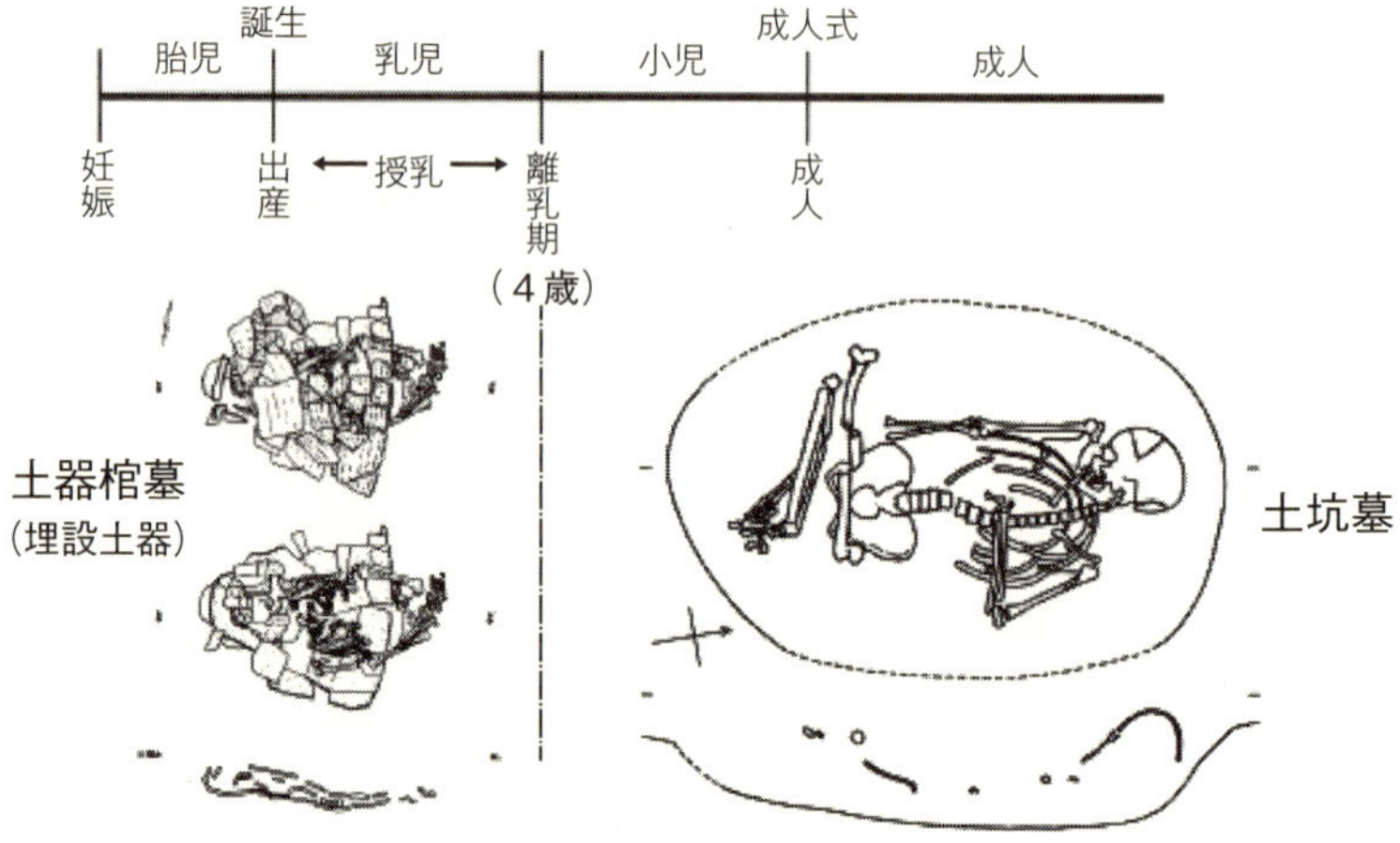

図17　埋葬年齢と埋葬形態の相関モデル

で、これには成人＝大人の頭骨が入っています。つまり、大人の骨を土器棺に納める場合もあるわけです。さらに言えば、大人の骨が納められていると言っても、大人の遺体を土器の中に納めることには無理があり、骨になってからでないと入らないのです。ではこれは何なのか。一回埋葬したものを掘り出して、骨の一部を回収し、もう一回埋める、二次埋葬とか再葬《さいそう》といいますが、そういうことをしたことが分かります。写真5の右側は、観音寺本馬遺跡の四歳くらいの子どもの骨で、この子も実は頭の骨と腕とか足の長い骨しか残っておらず、また並べたように置いてあります。つまり、子どもの遺体をぎゅっと棺の中に押し込めたのではなくて、やはり骨を取り上げて、丁寧に土器の中に納めて埋葬したということが分かる事例です。以上をまとめますと、乳幼児だけじゃなくて成人埋葬もある、また、成人だけではなく、幼児も二次埋葬している、つまり成人か、幼児かで土器に入れるか、土に埋めるか、そういうことではなくて、土器埋設遺構、すなわち土器棺墓と言っているものは、全て二次埋葬の器《うつわ》としてあった可能性があると考えるわけです。

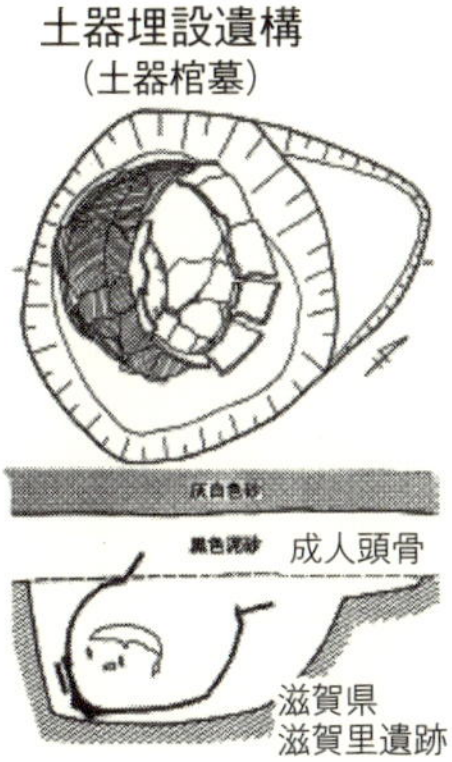

図18　二次埋葬の事例

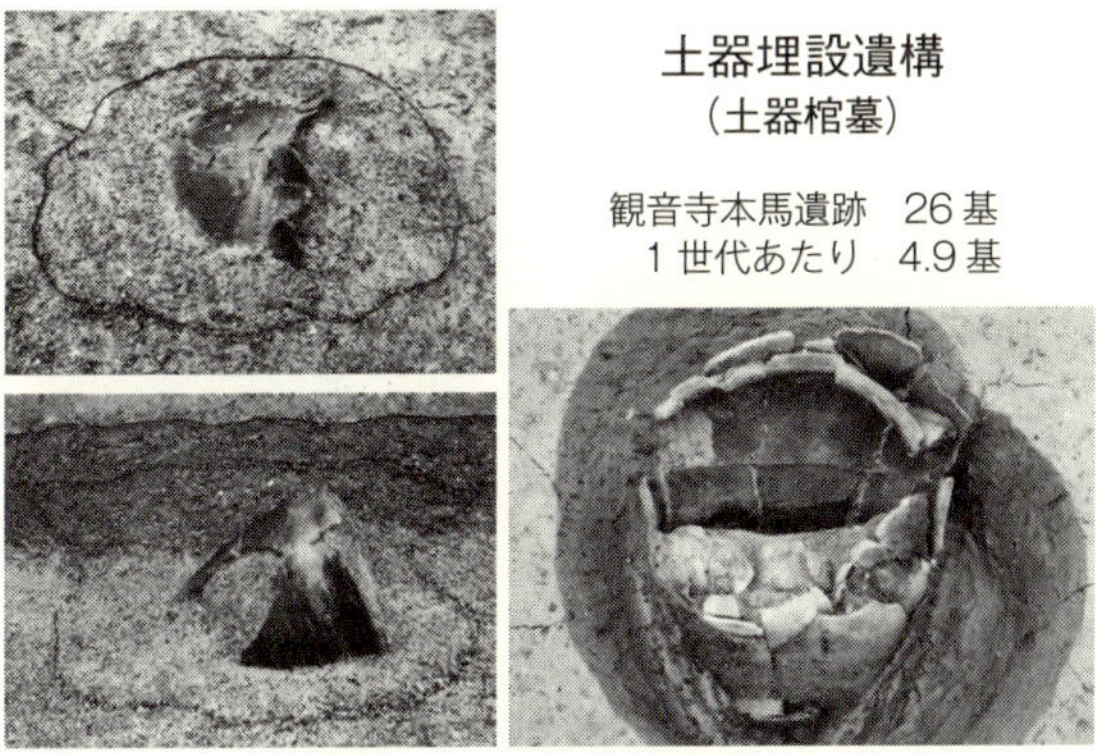

写6　土器棺墓の事例

二次埋葬（再葬）の意味

この二次埋葬というのは、どういう意味をもっているのでしょうか。ここでは、アルノルト・ファン・ヘネップというフランスの民俗学者の説を一九〇九年の論文から引いてみたいと思います。二次埋葬とはどういうものかといいますと、まずは個人としての一次埋葬を行ったというのですね。後にこれを取り出して、その死体を破壊する、火葬とかそういうことをして、死体を破壊します。その時に皆でお祭りをするんですね。お祭りの後には骨を収集して収納し、再び埋葬を行って祖先霊として送りだす、これが二次埋葬であると、ファン・ヘネップは言っています。

これを図式化すると（写7）、祖先霊があり、今を生きる人々の世界があって、この間を死と生という形で往還する、行き来するという形があるということですね。その儀式としてマツリ（＝祭宴とか儀礼）を催し、その媒介の器具として土器があり、この場合は土器に納めて、子どもの遺体・成人の遺体を送り出したのではないか。これは生から死へ向かう方向ですけれども、逆に「生《せい》」のベクトルで（これは第1章で瀬口さんのお話にも出てきましたが）、器から出てくる子ども、というものもあると考えられます。写真7の右側の写真は出産を表現した土器だとされるものです。母親で股があり足があり、その股の間から

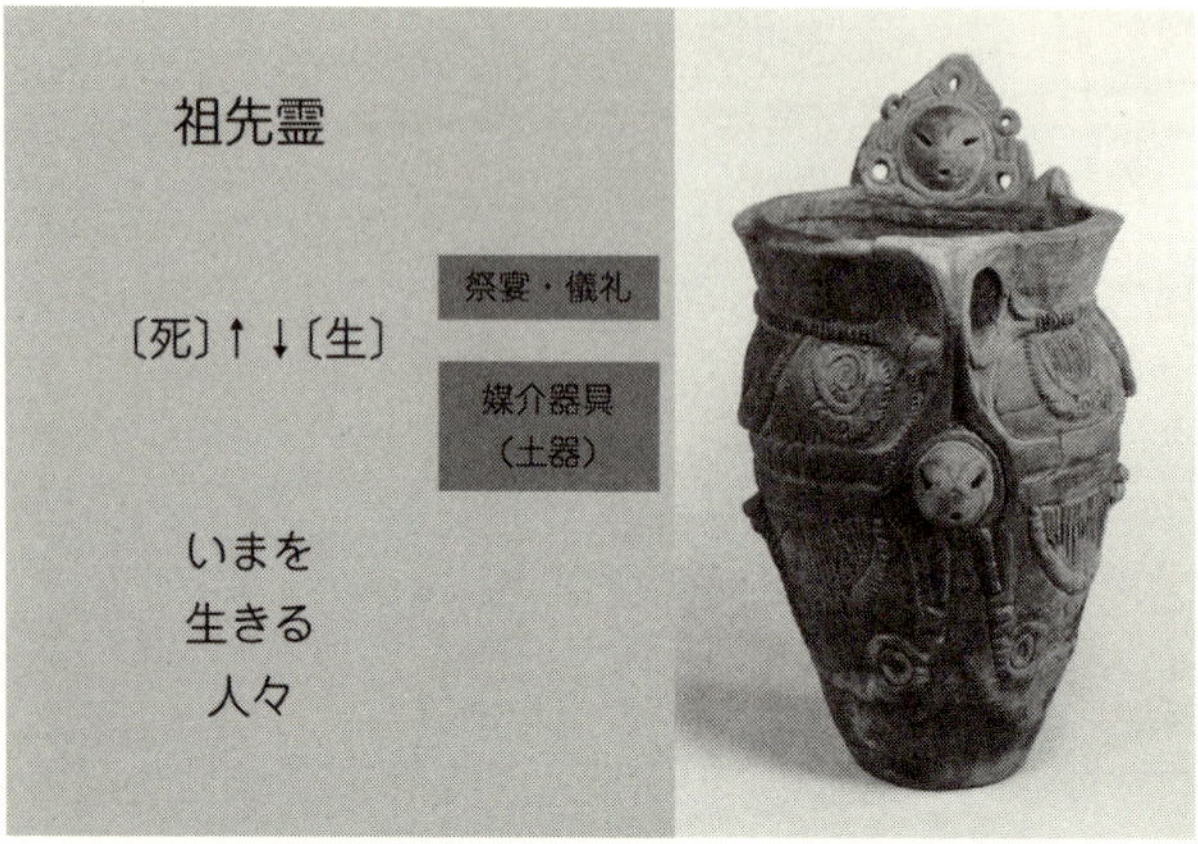

写7　出産をモチーフにした土器（山梨県津金御所前遺跡）

子どもが顔を出している形の土器だと言われていて、土器を媒介として「生」が生じるという観念を示したものではないか、また、写真8のような土偶も「生」へ向かう媒介の器具ではないか、と考えるわけです。

写8　出産をモチーフにした土偶（長野県棚畑遺跡）

五　土偶に込める祈り

祭りの場とムラ

縄文時代後期の土偶は、分銅《ふんどう》形と人形《ひとがた》の二つに類型化することができます。図19の1・2・4が分銅形土偶、3・5と6が人形土偶と呼ばれているものです。観音寺本馬遺跡は、縄文時代晩期の遺跡だと述べましたが、縄文時代後期から晩期になると、西日本でもこういう形の土偶が出てくるようになります。それより古い時代では、西日本にはあまり見られなかったようですが、いろんな土偶が出てきております。

その中でも特に注目しておきたいのは、三重県の天白《てんぱく》遺跡です。写真9・10のように、土偶が六六点と大量に出た遺跡ですが、その特長は、「配石《はいせき》遺構《いこう》」という石を並べた遺構があることです。一見すると非常に雑然と石が置かれているようですが、よく見ると、実は、真ん中に広場があって、回りを環状に石が取り巻く形であることが分かります。この配石の下は、もしかしたら墓なのではと想定できるような遺跡であります。これから連想されるのは、秋田県の大湯《おおゆ》環状《かんじょう》列石ですね、同じように環状で、配石の下にはお墓があるということが分かっております。大湯は、東西に対峙する野中堂・万座の二つの環状列石で構成される遺跡で、図20が野中堂です。日本最大のストーンサークルと言われる秋田県万座環状列石の周りを掘ると、広場があり墓があって、その周りに建物があるということが分かっています。

この構造というのは、まさに先ほど申し上げました、縄文時代の典型的な環状集落の構造とよく似ているわけですね。縄文時代晩期の青森県大森勝山《おおもりかつやま》遺跡の環状列石では環状列石だけで、お祭りする場があり広場があって、周りには集落がないことが分かっています。住居がなくてお祭りをする場だけがあるという例です。どうもこれが天白遺跡と同じ性質のものではないかと、私は考えています。天白遺跡でも環状列石だけがあって、周りに家が見つかっていないのです。その代わり土偶が出土しており、また配石遺構も見つかっています。一方、同じ三重県内、同じ時期の森添《もりぞえ》遺跡では、居住の痕跡や竪穴住居ばかりが見つかっていて、お墓とかがあまり見つかっておらず、土偶も少ないのですね。

そこで、これらの遺跡は相対化できるのではないか、

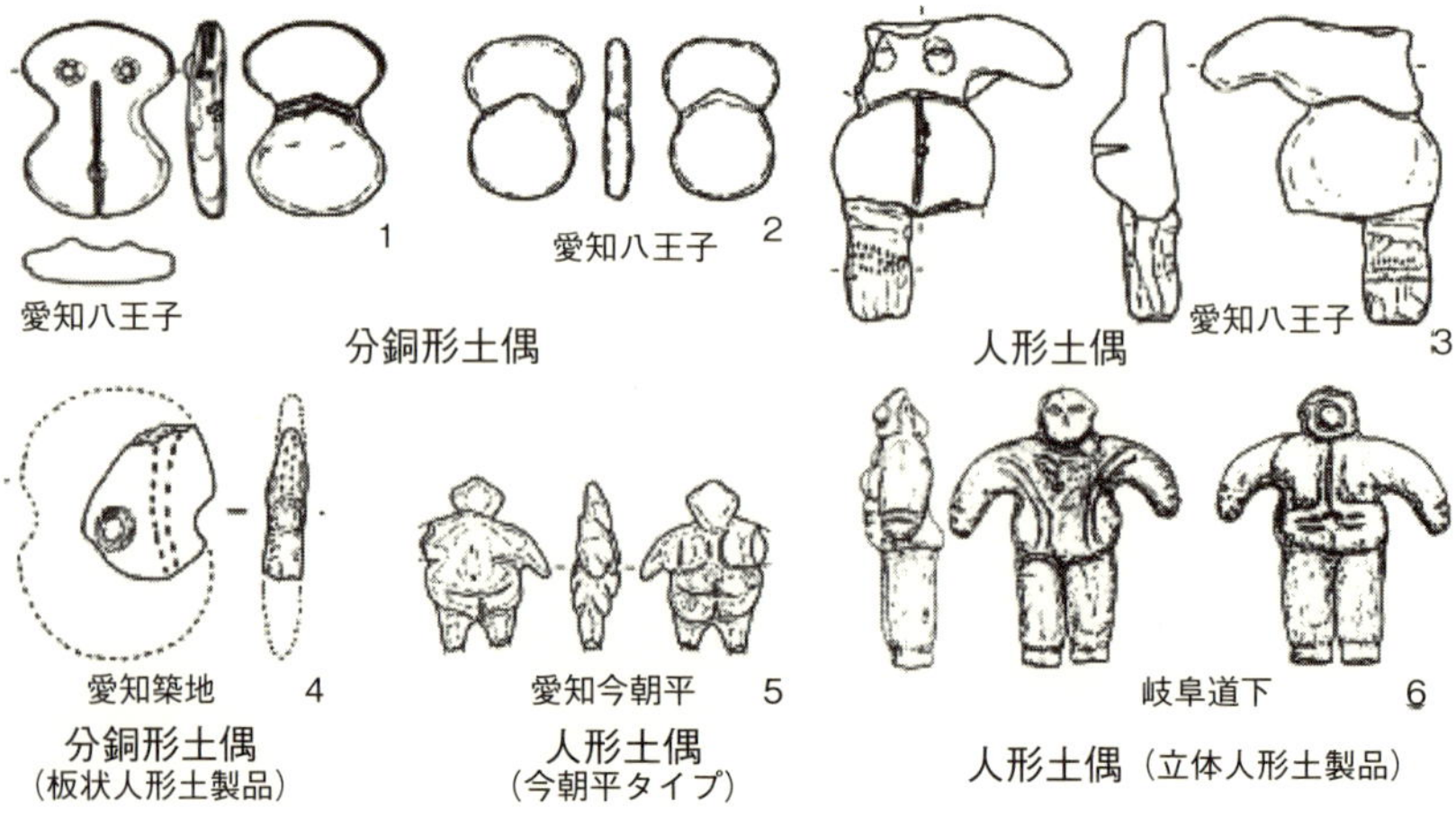

図19　縄文時代後期の分銅形土偶と人形土偶

つまり「お祭りの場の遺跡」と「（一般的な）ムラの遺跡」に分けられるのではないかと私は考えています。一般的なムラの遺跡としては、先ほどから何回も登場している観音寺本馬遺跡、一方、お祭りの場の遺跡（葬祭空間と言ってよいかもしれません）にあたるのは、橿原考古学研究所のある橿原遺跡ではないかと考えるわけです。出土遺物の数を見てみますと、橿原遺跡では、土偶が一九六点出ています。ここは非常に長い期間使われた遺跡です。図21は土偶の数の比較ですが、観音寺本馬遺跡では土偶が一〇点ほどですので、橿原は数にして一九倍ほどになります。ただ、橿原遺跡というのは、非常に長い期間使われた遺跡ですので、その長い時間に土偶が蓄積されただけだ、という批判もあるかと思います。

では、遺跡が使われていた期間を比較してみたらどうなるでしょうか。図5から、橿原遺跡は約六五〇年、観音寺本馬遺跡は約一三三年とされていますので、単純に650÷133の割り算をすると、四・九倍です。出土した土偶数は一九倍ですが、一方で、年数でいうと四・九倍、約五倍ぐらいですね。観音寺本馬

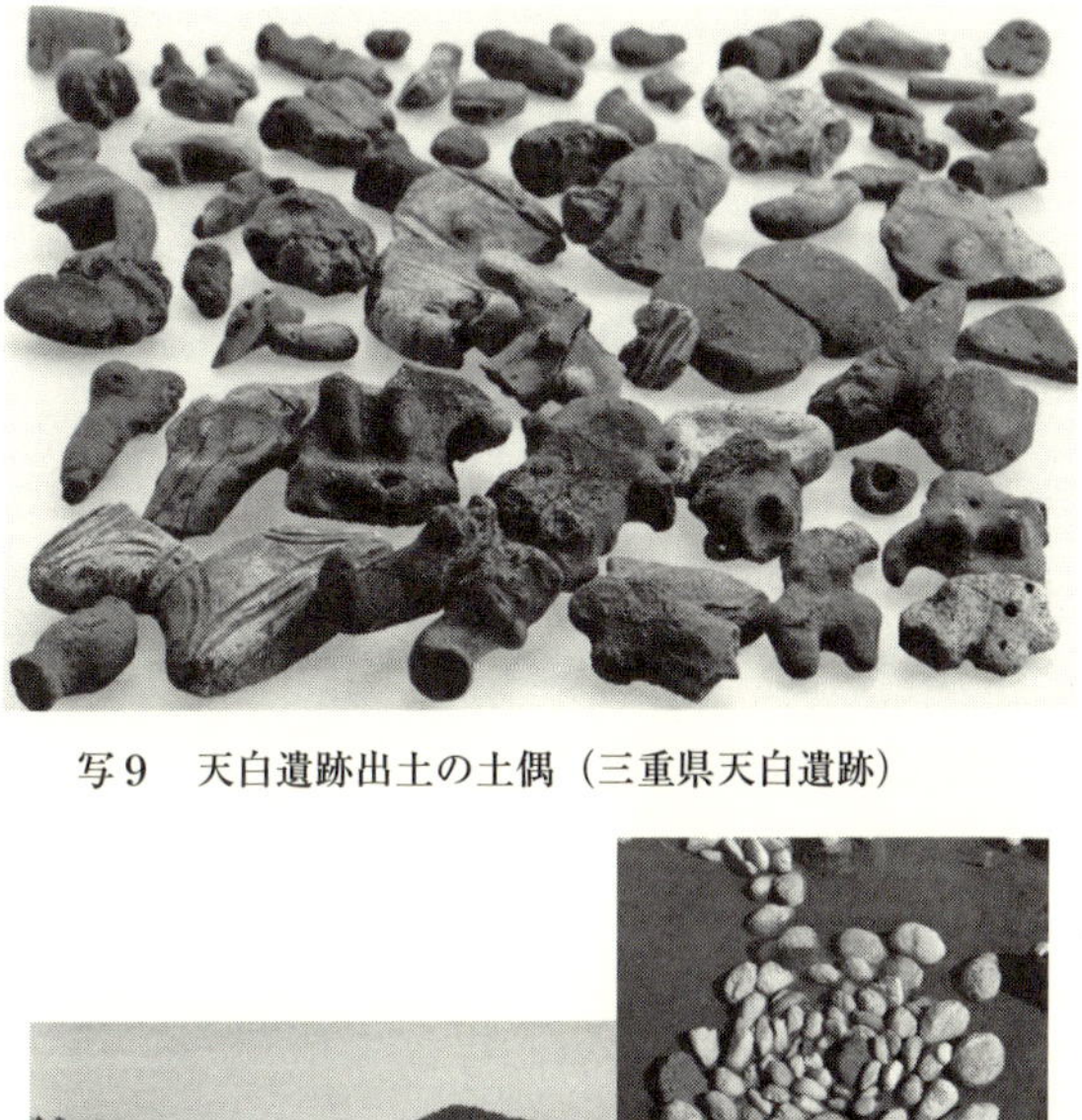

写9　天白遺跡出土の土偶（三重県天白遺跡）

写10　天白遺跡の配石遺構（三重県天白遺跡）

遺跡の土偶の出土数を五倍しても五〇点くらいですから、橿原遺跡の土偶数がいかに多いかということが、おわかりいただけるかと思います。つまり橿原遺跡というのは、それだけ特殊な遺跡だと考えられるのですね。こういう点から、私は橿原遺跡がお祭りの場だったと考えるわけです。

家族の別れと出会い

その橿原遺跡の土偶ですが、もう少し詳細に見ますと、写真11に矢印で示したように、ところどころ割れ口があります。この割れている箇所は、実は予めへこませて作ってあるのですね。ここからわざと足とか手が折れるように作ってあるわけです。さらに、わざと割れるように作られているにも関わらず、割れた破片は橿原遺跡の中では見つかっていないのです。では、その破片はどこにいったのかが問題になります。

おそらくは周りのムラ、例えば観音寺本馬とか、そういったところに破片としてあるのではないかというのが、私の想定です。これはどういうことかというと、橿原遺跡の周りにはたくさんの一般のムラがあって、みんなが橿原遺跡というお祭りの場に集まって、お祭りをして戻っていく、また来てはお祭りをして戻る、こういうことが行われたようで、その中で普段自分たちが所持している土偶を持ってきて、一

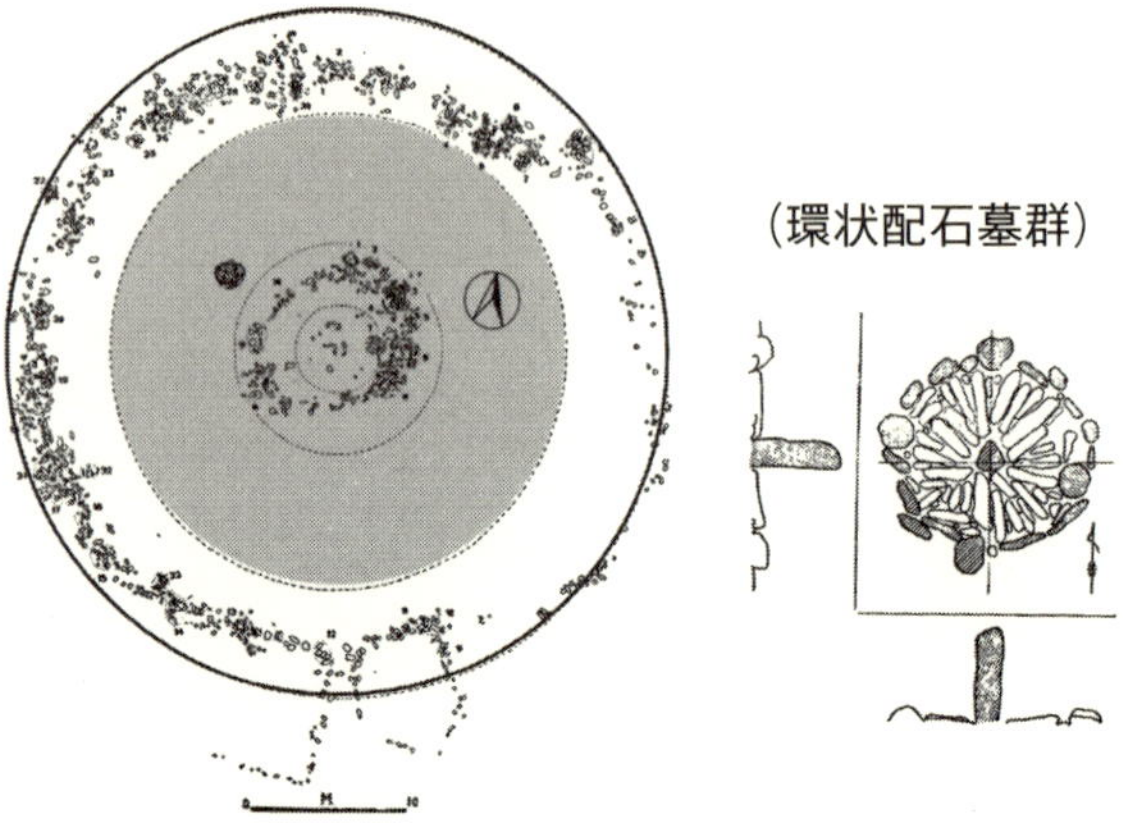

図20　環状列石（秋田県野中堂遺跡）

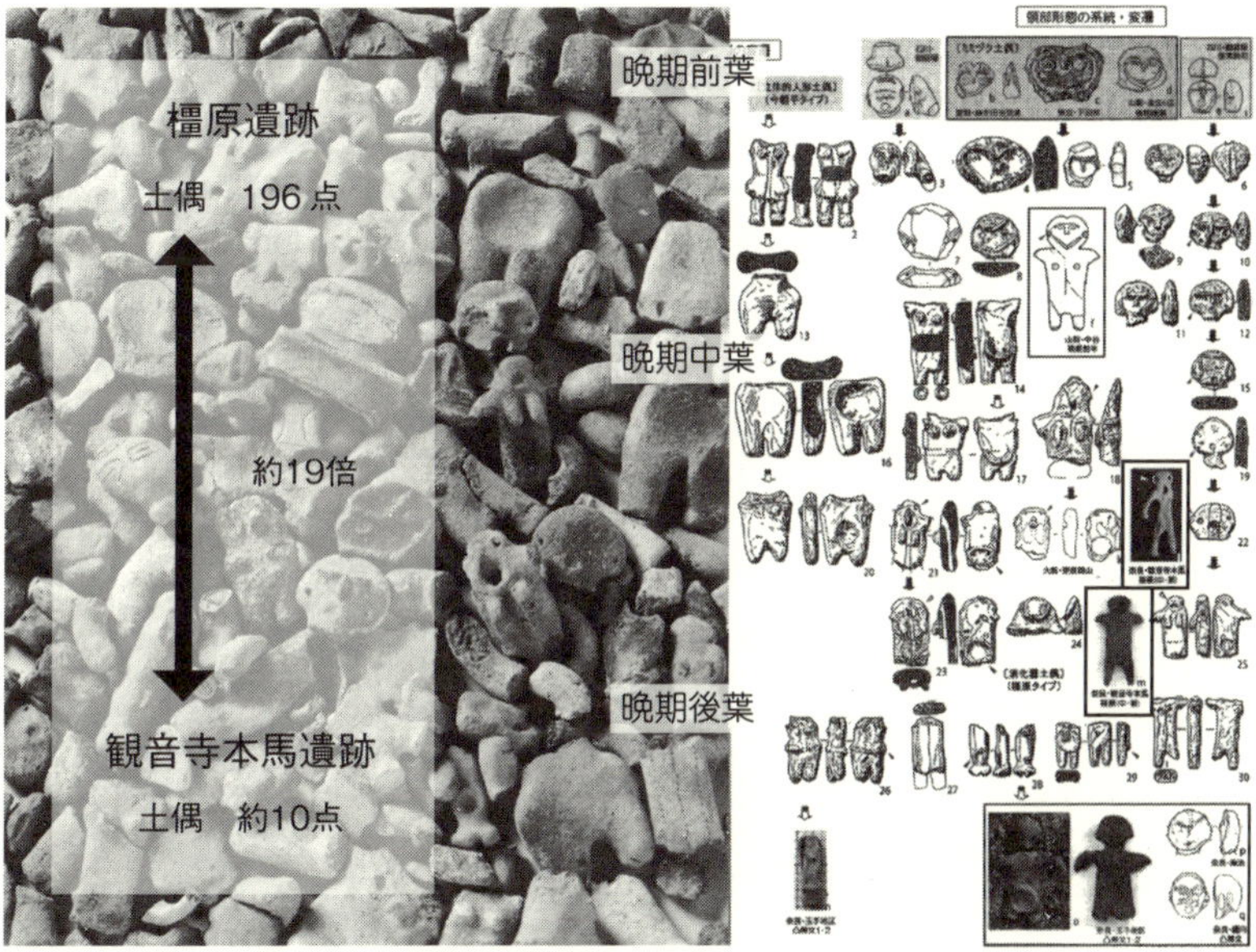

図21　橿原遺跡と観音寺本馬遺跡の土偶数の比較

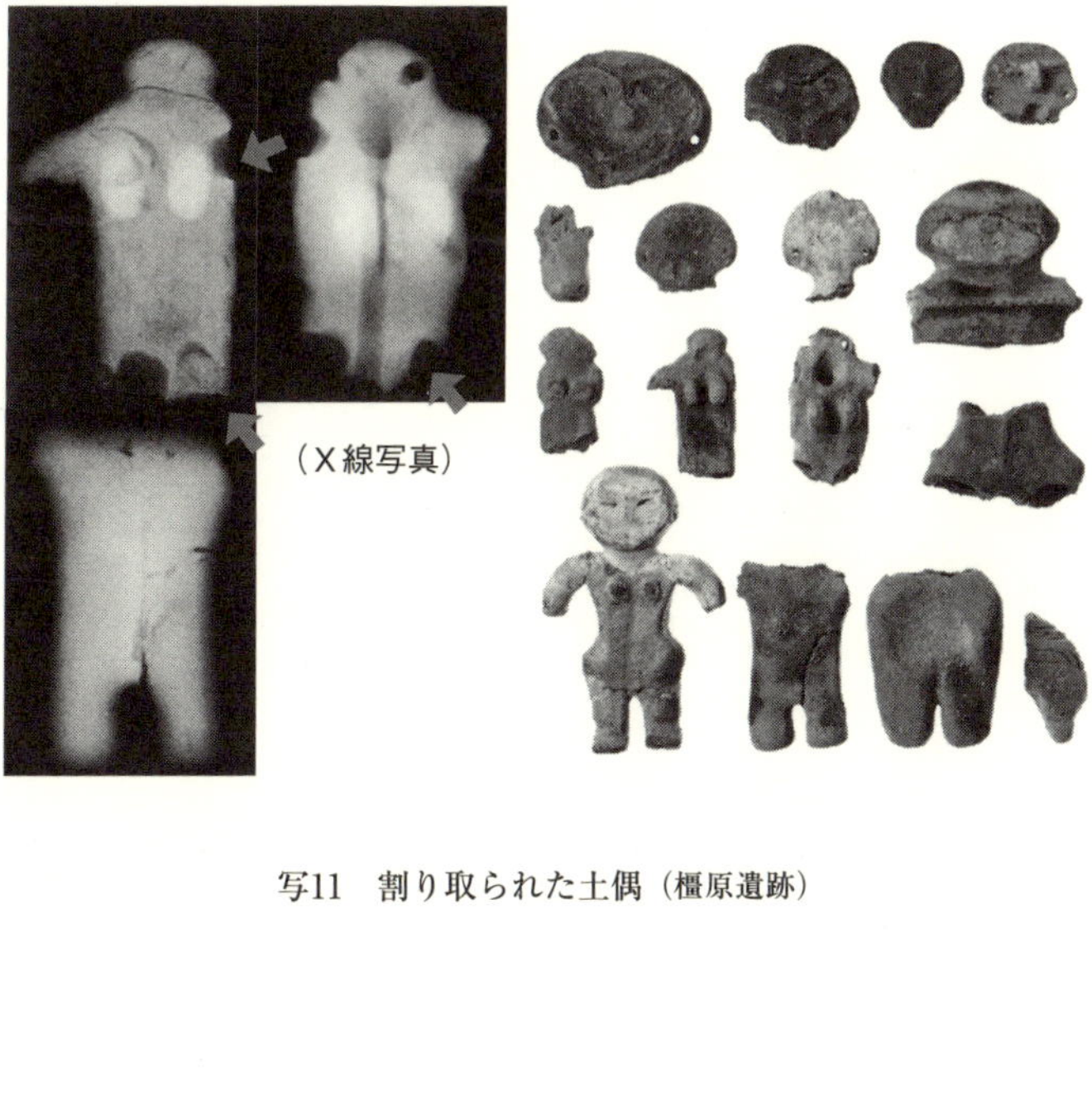

写11　割り取られた土偶（橿原遺跡）

部を折り取って、まるで神社にお札をささげるような感じで橿原遺跡に置き、残して帰っていくということをしていたのではないか。土偶というアイテム、道具を使った、再生の祭りですね。例えば死者を弔い、祖先を弔い、また新しい子どもが生まれるように、さらには動物や自然の幸《さち》が還ってくるように、そういうお祭りをしたのが、この橿原遺跡だというふうに考えるわけです。

今日の我々が、結婚式とかお葬式などの機会に、いろんな人に会いますね。久しぶりに昔の親戚に会ったり、また全く新しい女の子の友達とか男の子の友達とか、そういう子に出会ったりするわけです。その中から新しいカップルが出来たりもしますね。民族学でもこのようなお祭りの場が、新しいカップルの誕生に非常に重要な役割を果たすと言われています。男女の出会いも媒介している、新しいカップルができ、当然にそこから新しい子どもが生まれてくるという、生産性ですね。そういう機会、仲介の場を作った、それがこのような遺跡だったのではないか、と考えるわけであります。またこの中から新しいムラがどんどん出来るきっかけが生じる、そういうこともあったのではないかと考えます。この橿原遺跡と、観音寺本馬遺跡という最近の発掘調査の成果によって、縄文人の間で行われた営み・交流が、より具体的に描けるようになったのではないかと、私は考えて、今日のお話をさせていただきました。

〈縄文人の祈りと願い４・座談会〉

第４章
縄文人の精神世界
——信仰と暮らしを探る

司会　狭川《さがわ》　真一《しんいち》
瀬口　眞司
永野　仁
岡田　憲一

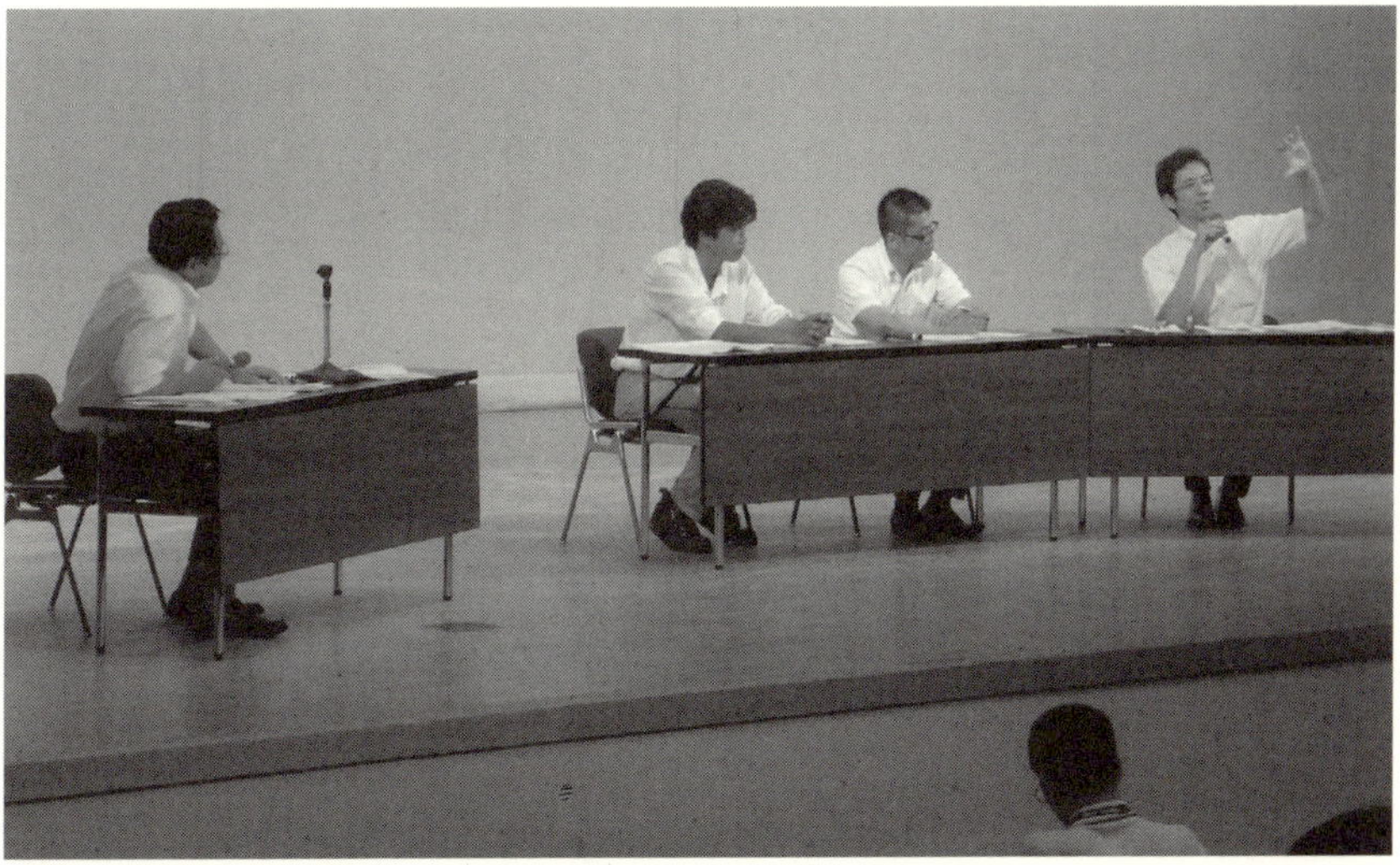

（会場　奈良大学講堂）

土偶の謎

司会　狭川　本来ならばテーマを絞って、やっていくのですが、今回は会場の皆さんから事前に質問をお受けしました。時間がそんなにありませんので、私がいくつか質問を抜粋させてもらいまして、その質問を代読させていただき、それに答えていただくという形にいたします。その中でうまく話が展開していけば、それに乗っていきたいと思っておりますので、どうぞよろしくお願いいたします。

それでは、始めたいと思います。講演された順番で質問のきているものからいきたいと思います。極めてあっさりとした質問なんですが、「土偶は海外でも見つかっているのですか」というご質問です。

瀬口　はい、土偶とそれに類する物は海外でも実はたくさん見つかっています。朝鮮半島にももちろんありますし、世界で一番古いのは、チェコスロバキア（現チェコ）とか、東ヨーロッパにあります。またシベリアにもありますので、日本からユーラシア一帯にあるというふうに思っていただいて結構かと思います。

狭川　その土偶の形とか、あるいは用途についてですが、世界全体の土偶から見て日本の土偶と比較してどんな感じなのでしょうか。

瀬口　はい、今のご質問に関しては、いろんな答えが用意できますので、絞ってお話しします。古いところでお話ししますと、日本最古級の土偶が滋賀県で出ています。相谷熊原《あいだにくまはら》遺跡から出土した土偶です（P８）。お乳があって、首には穴がある。それと同じように、立派なお乳を持った土偶というのは、実は西ヨーロッパにもあります。熊原遺跡のものは首から上はありませんが、首の穴に楕円形のチョコボールみたいなものをスッと差し込むと非常によく似た土偶があります。大変広い範囲ですけれども、古い時代には、同じような文化や考え方をもった連中がいて、土偶というものをそれぞれ作っていた可能性はあるのではないかと思っています。

狭川　また、瀬口さんへの質問なんですが、「神が宿るというふうにおっしゃいました。それなのにどうして土偶は破壊されているのでしょうか」。

瀬口 恐らくですね、神に宿ってもらったあと、願いが叶った段階で、神様ありがとうと感謝しながら壊して、宿ったものをもう一度解放する、戻っていただく。そういった儀式として壊すということがあったのではないかと。これは水野正好先生や皆さんの考え方と少し違うかもしれませんけれども、そういったことがひとつあると考えています。一方で、水野先生と同じような流れで考えるならば、神様が宿ったものを、申しわけないけれども、壊させてもらって、それを埋めることによって、あるいはばらまくことによって、そこからまた芽生える、新たな息吹を生み出すと、そういったためにも壊していたという、二つの答えが今、用意できるかなと思ってます。

狭川 土偶については岡田さんも、わざと壊すようになってるようなご意見でしたけれども、同じような質問としては、岡田さんの立場としてはどうでしょうか。

岡田 私の場合は、神が宿ったかどうかというのは、はっきりとはわからないというのが正直なところです。何かが宿ったのかどうかすら、私にはわかりません。そういう説は基本的にとっていないということになりますので。壊すは壊す。意図的に破壊するということですけれども、基本的には死と再生というものの演出ですね。それを形として、そういう物、器具、道具を使って象徴したというふうに考えています。撒くとか言って、農耕と結びつけるという考え方を先学の先生方はされているのですけれども、撒く、撒いたということまで言えるような出土状況というのはあまりないので、強弁しすぎではないかと思いますし、またそこまで言うだけの能力は、私にはありませんというのが正直なところです。

狭川 実は仮面も破壊されて出土しているというお話がありましたが、永野さん、同じように破壊という観点から見たときにいかがでしょう。仮面の問題ですね。

永野 これも複数の答えが出せるかなと思うのですが、そのうちのひとつは、やはり土偶と同様の「死と再生」といった目的があったのではないかということを考えております。もうひとつの事例として、少し紹介させていただくと、海外の民族事例では、「死と再生」ではなくて、仮面に神を宿した。そして、その神にまた帰ってもらう、もしくはそのままそこに居残らないようにするために、祭りの後に仮面をわざと破壊するといった事例もありますので、「死と再生」、もしくは降りてきた神に帰ってもらうといった考え方、こういった複数の回答があるのではないかと考えております。

狭川　今日は三名の講師の方、それぞれにやっぱり死という問題と再生の問題というのがありますので、時間の限りなんですが、その辺を伺っていきたいと思います。

次の質問も瀬口さんのお話（第1章）から進めたいのですが、「二組四本の腕とそれから二段構造になった肩というお話がありましたが、それは同じ、宿り宿られるということを現しているのに、なぜその表現の違いが出てくるのか、一つでいいのではないか」というようなご意見なんですが、どうでしょうか。

瀬口　表現すべきものと表現方法、二つに分けて考えると、何とか説明がつくのではないかと思っています。表現したいことは宿りと宿られることなのですけれども、表現方法としては、例えば僕が愛を語るとか、死を語るときに、私の表現方法と、例えば岡田さんとはまるきり違う表現方法をとる。それと同様に、ちょっとの差だけども集団によっては、Aという表現方法をとって、例えば土器にイラストで描いてやるという方法をとる。一方でBという岡田種族においては、そんなんナンセンスやで、やっぱりジェスチャーだろうということで、違った方法をとるということがありえます。構造、原理としては、同一のものがあるのだけれども、表現方法としては、いろんなバリエーションがある。それがいろんな形のいろいろなタイプの遺物として造形されたのではないかと。むしろいろいろなタイプの表現方法、いろんなタイプの遺物から焦点がぴったりとあったところ、そこにこそ、彼らが本当に描きたかった原理とか世界観が浮かんでくるのではないか、というふうに思ったりします。

狭川　それに関連するといいますか、同じ表現の方法で具体的に、それは何だというご説明がなかったと思うのですが、三本の指と五本の指の、それぞれに表現があるというお話でありましたけれども、そのことについて、少し具体的にご説明いただければありがたいのですが。

瀬口　例えば五というのが普通の状態を示すというものに対して、三本指というのが、、異なるものとして表現されていた。要するに縄文人というのは、五というのが、人の世界により近いものと認識していたのに対して、何か宿りとか宿られとか、憑依《ひょうい》ですよね。そういった何かに憑《つ》かれた状態を示すときに、あえて普通じゃないもの、正常じゃないものを表現したくて、三という、通常にない指の数をあえて表現したということがあるのではないかと思ったりします。

狭川　二とか四とかはないのでしょうか?

瀬口　二とか四もあるかもしれないですね。しかし三が大変目立つと思います。あの手の土偶に関しては。土偶じゃないんだけれども、土器から腕だけ伸びるときがあるのですが、それも三が多いように思います。でも、二になるときもあるかもしれない。マムシとか言ってるものなんですがね。五本指じゃないミトンといっているような手袋がありますが、あんな感じに似た表現があります。しばしば土器から、にょろーんと長い棒状のものが出て、その先にあったりします。それを多くの研究者はマムシというんですが、私にはマムシに見えないので、手の表現の一つで、三本指の派生形なんだろうと思ったりします。そういう意味では二もあるかもしれません。

狭川　とにかく五というのが正常であれば、正常ではないものに表現するわけですか。

瀬口　そうですね。何か異なるものとか、聖なるものとか。

狭川　その聖なるものというのは、どういう意味のものでしょうか。

瀬口　聖(ひじり)の……。

狭川　「ひじり」の「セイ」ですね。というものを、そういう異なるものに求めようとしたという、それを表しているということですね。

瀬口　はい。わかりやすく表そうとしていると思います。

狭川　その当時の人にとって、その表現の手法の一つとして、理解をされていたのだろう、ということですかね。

瀬口　そうですね。人でないものとしての表現の象徴として。

狭川　だから、異常に手が長いというのも、そういうことだというふうことですね。

瀬口　そう言えるかもしれませんね。

狭川　分かりました。やはりそこには異質な世界といいますか、人間が日常に暮らしている当たり前の世界ではない別の所に、何か畏怖の念があるといいますか、そこに神様がいるんだろうとかいうことですね。そういうような感じがあるのかな、やっぱり。そういう異質なものを出すことによって、何かを求めてるのかなという気がいたしますね。

土偶と仮面との関連性は

狭川　次に永野さんへの質問がきています。「お祭りに仮面を用いる必要性が、新たに付与されたのか」というご質問です。時期の問題になるかと思うのですが。その辺はどのようなご理解をされているのでしょうか。

永野　発表の中で触れられなかったのですが、近畿地方を中心とした西日本では、古い段階の仮面が見つかっていると申し上げましたが、大体、西日本ですと後期の前半になってきます。この時期というのは、実はまだ近畿地方では土偶の文化は定着していない時期なのですね。後期の後半になってくると、土偶文化が定着してくるのですが、後期前半はまだ祭祀の中において、いわゆる人形の道具が定着していない時期であります。そのような中で仮面が出てくるということを考えますと、自分たちがお祭りする上で、信仰する対象に、共通の姿・形というものが必要になったのではないか。それが一集団でのお祭りなのか、もしくは複数集団——岡田さんの発表の中でもありましたが、橿原遺跡ですと、複数の集落から人々が集まって共同のお祭りをしてたのではないかという説明がされておりましたが、それと似たような状況ですね——であったのか。例えば、今、皆さんに目を閉じていただいて、想像していただくとします。顔を想像してください。その顔の持ち主は男性です。その人には長い眉と大きな鼻があります。そして口は若干横に開いたような感じです。目はちょっと丸いような感じです。といったようなことで想像していただきます。すると皆さん思い浮かべるのは、どんな顔でしょうか。当然自分の中ではイメージがありますよね。ただ、それを他人と共有できるかというと、なかなかできない。絵に描けば共有できるかもしれませんが、もっと簡単なのは何かと考えると、同じものを見ることですよね。自分の目で実際にあるものを見る。そうすると自分の頭に浮かぶのは、やっぱりその姿になります。そういった共通認識を持つために有効な道具として仮面というものが使われたのではないか。では土偶との関係性なのですが、東日本では後期前半にはもうすでに土偶文化が定着しております。そして東日本で見つかる仮面というのは、割と土偶と似た表現を持つものがあるのですね。例えば福島県いわき市にあります、愛谷《あいや》遺跡というところで見つかった仮面、これは後期前葉の古手のものなのですが、仮面の表情は、当時その地域で作られていた、ハート型土偶といわれる土偶と類似した顔です。土製仮面誕生の段階で、土偶とよく似た顔が採用されているのですね。また鼻・口・耳の部品の用途がわかったのも、やはり土偶の影響によるのです。それらを装着したと思われる土偶が岩手県萪内《しだない》遺跡で見つかっています。遮光器型は言うに及ばずですね。遮光器土偶と同じ顔をしてます。ということで、やはり共通の神なり精霊なりのイメージとして仮面の効果が大きかったのではないかということが考えられます。そしてその中で東日本では、土偶との関連性というものも強かったのではないかと考えているのですが、この辺いかがでしょうか。瀬口さん。

瀬口　おっしゃる通りだと思いますね。仮面というのは土偶との関連性が非常に深いように思います。

東日本はよく似た表情で土偶と仮面を作り上げています。それで質問なんですが、仮面の出現は中期末ないし、後期初頭というふうにおっしゃったけれども、中期とかの早い段階に遡りえることはありませんか。

永野　物が見つかっていないので、あくまでも仮説なのですが、僕自身はあるのじゃないかと思っています。いただいたご質問の中に、縄文時代に木製の仮面はないのかといったご質問があったのですが、木製仮面があった可能性は十分あったと思います。残念ながら残ってはいませんが。今現在日本で見つかっている古い木製仮面といったら、纏向《まきむく》遺跡で見つかりました、鍬を転用した仮面で、弥生時代の終わりから古墳時代の初め頃になります。

土製仮面として一番古い矢野遺跡の仮面、顔に何かブツブツをつけていると説明しましたが、他の土製仮面と異質なものでして、実はあれこそが、土をこねてつくる仮面の前身、私はそれが動物の皮ではないかと考えているのですが、そういった土製仮面以前に存在した仮面を忠実に写しとろうとした結果、ああいうようなブツブツを、顔全面につけたんじゃないかと、現在考えております。

瀬口　そういった意味では、先ほど狭川さん経由で会場からいただいた仮面の祭式というのは後期から始まるのではなくて、中期に遡るということでよいのですね。

狭川さん、土偶を見ていると仮面表現が実は思っているより多いかも知れません。中期の土偶でも東日本の研究者の方は、なかなかそうはおっしゃらないのですが、土偶の顔表現の大半は仮面表現かと思うときもあるんですよ。その根拠としては、顔面の表現が頭より大きいのです。頭部の直径より顔の直径の方が大きいもの、頭から顔がはみ出すものが、しばしば見つかっています。中期の土偶で顔があるものでもその多くは、本来顔がないものに、顔表現をつけた面を、パーンと貼り付けている。そういった造形が多いような気がします。そういった意味では仮面祭式というのは、中期の初頭まで遡ると思ってよいのではないかと思っています。

狭川　時期的には、その古い段階までいくということとになりますけれども、その仮面と土偶がよく似ているということになると、同じ祭祀というのですか、その祭祀の中身がかなり共通しているようなお話が、今ありましたけれども、ではどうしてそれが、人間がくっつける仮面でないとダメなのか。ずっと連綿と土偶でやってきたのにね、なんである地域のその段階から、仮面というものが登場して人間が直接それをやるようになるのか。その段階で土偶が消えていくのかというと、土偶は消えないですよね。土偶は土偶として残っていくわけでしょう。仮面は仮面として利用されていくわけでしょう。かつ土偶に仮面がくっついてくるわけですね。この辺から同じお祭りのような、同じ性質のものをやったのではないかと、おっしゃっているのですが。私としてはちょっと疑問に思えました。やっぱり異質な違うものだから土偶は土偶として残り、仮面は仮面として残る。ただその中の一部に共通性があるので、土偶にも仮面がかぶっているのがあるのかなという気がするのですが。これはどなたでも結構なんですが、お答えいただけますか。

瀬口　一つは材質変化ですね。永野さんが言った通り、それまでは木製とか布製のものがあったとすると、遺跡ではくさりやすいのでなかなか残らないですよね。ですから仮面の消える消えないというのは、実は見せかけかもしれない。というのがひとつありますね。だから中期から土偶に顔表現ができるというのが非常に示唆的で、それまでの前期の土偶というのは顔がないのです、基本的に。顔がない時代からいきなり顔が作られ始めますが、それは仮面型なのです。そういうことからすると、その材質がまだ有機質のもので、中期の段階で土偶に顔をつけ始めるのと同時に仮面も生まれていて、中期の終わりとか後期ぐらいに、いやもう、そんなもの有機質のもので作るのはナンセンスだ、土偶と同じ焼き物で作ろうという流れが、パーンと生まれて、永野さんが描いたような世界というのが生まれてくるのではないでしょうか。そういった意味だと、あんまりずれないような気もしますが、ずれていますか。

仮面の形と用途

狭川　いえいえ。ところで小さい仮面がありますよね。それはどうなんでしょうか。もしかしたらそのまま顔のない土偶に。実は瀬口さんの資料を見ていて、土偶に仮面をくっつけたようなものが出てきましたけども。小さい仮面の用途としてはどうでしょうか。

永野　可能性は十分あると思います。数は本当に少ないんですが、岩手県の大原で見つかった仮面は、現在、辰馬《たつうま》考古資料館の方で保管されておりますが、裏面が袋状に折り返してあるような、小さい仮面が見つかってます。小さい仮面は首からかけたり、場合によっては手にもったり、お守りのような用途があるのではないかと思っているのですが、袋状に折り返してある仮面というのは、額に当てるのにも不便ですし、ぶら下げるにも邪魔になる。普通に使おうと思ったら、その袋状の折り返しにはメリットはないんですよね。そうしますと、形代《かたしろ》などにかぶせた可能性があるのじゃないかなと。以前、展示を行った際は、その形代というのを、布製ですとか木ですとか、そういったもので人型につくって、そこにかぶせていたのかなーというようなことを考えていたのですが、今日のお話を伺っていると、土偶にかぶせたという可能性も、充分あり得るかなと思います。また、それ以外の小さい仮面にも同様の用途、土偶と合わせるといったような用途が、充分考える可能性としてはあるのではないかなと思っております。

狭川　本当に仮面と土偶の共通性みたいなものが、今、出てきていますが、永野さんのレジュメの、二枚橋⑵遺跡の仮面の出土状況で、非常にたくさんの仮面が出ている。先ほど岡田さんの話でもですね、橿原遺跡は異常なまでに土偶が出てくるというようなことがあります。その仮面との絡みでいくと、岡田さん、どうでしょう、この二枚橋⑵遺跡というのはですね、同じような橿原遺跡に類するような評価というものはできるものでしょうかね。

岡田　二枚橋⑵とかは、基本的に同じような形で評価できると思っています。関東地方から東北地方にかけて、後期前葉以降、そうしたいわゆる第二の道具とか言われる変わった遺物がたくさん出てくる遺跡があって、そこに集落というものがあまり見えてこないという遺跡があります。そうした東日本的な遺跡のあり方というのが、ある時期に西日本にもやってくるのだと思いますので、そこは共通していると考えています。二枚橋⑵に仮面がたくさん出るというのはどういうことなのか、ちょっと私は何とも言い難いのですが、時間的な幅というものを考えなければいけないだろうと思います。ただ、そうしたときに、他の遺跡で時間的に幅があっても、土偶が一点か二点しか出てこない遺跡では、その土偶というのは、ずっと連綿と受け継がれて使っていた。それとも土偶を使う時期が、ある時期しかなかったのかもしれない。そういうことを考える上で多いところと少ないところがあるというのは、逆に示唆的ではないかと思います。土面を使う場合と、土偶を使う場合お祭りをするときとか、違いがあるのかもしれませんし、そうした観点で、分析してみるのも面白いかなと思ったりしたのですが。

狭川　そのあたりですね。どうも、その仮面と土偶の、少し違う側面は、その辺に潜んでいるのかもしれないですね。

仮面もそうなんですが、今、岡田さんのお話にあったように、特別な祭祀の空間には大量に出てくるとありますが、まあ通常は少々遺跡を掘っても、そんなにたくさんの土偶も仮面も出てくるものではないのですけれども、そういう点でいくと、橿原遺跡は皆が持ち寄って、何らかの祭祀行為があったと言われますが、それだけではないですね。普通の集落の中でも出てくるわけです。だから集落の中でも同じ行為がある。それでまた、皆でお祭りのときに寄り集まって、そういうこともやるというようになると、今度はその小さい集落の中でやっている人の誰が対象となっているのか。個人なのか、あるいは一定のまとまりの家族なのか。さらにもうちょっと大きな共同体といいますかね。観音寺の遺跡ですと三軒くらいしかないということでしたけども。そういう単位なのか。もしその広い中で、一つ二つであれば、そこの村の代表者が橿原遺跡にやってきて、祭祀をするということも考えられてくるのですが、そのお祭りの中心になっている人はどういう人なんでしょうね。

岡田　その辺になりますと、非常に想像たくましいお話になってくるのですが、基本的には、後期後半から晩期にかけての土偶に限定すれば、ムラで管理したのだと。そういったムラの中で、そういうお祭りをつかさどるような人物が恐らくいたのだろうと。そうした個人として管理したのではなくて、ムラとして持っていたのではないかと考えています。というのは何かというと、さっき話を端折ったのですが、縄文時代の後期の半ばから晩期にかけてというのは、土偶に二つの形があるのです。一つは人形土偶、これは中期の土偶で人の形であるとか、立体的な土偶だとか、縄文ビーナスとか、ああいうものがずっと連綿としてあるわけですね。それともうひとつ、分銅形土偶といいまして、これは板状の手のひらサイズで、タブレットのような土偶です。この二つが後期の半ばから西日本を中心にして現れるのですね。当初は両方似たような形態をとっていたのですけれども、段々変わってきまして、後期の後半ぐらいになると、人形土偶で結構大きいものを作ったりします。一方にタブレットのようなものは、人体表現が失われていって、しまいには線刻だけある石とかで代用します。これは中国地方の瀬戸内沿岸とかに多く出土するものです。つまり土偶には二つの形態がある。だから土偶のすべてが全く同じものではないのです。そういう二つの形態があって、恐らくタブレットの方は小型化していってあまり見えないようなものになる。手の平サイズですね。これは恐らく家族とかが管理するような、まあ何というのですか、護符といったら言い過ぎかもしれないですが、そのようなものとして存在していた。つまり家族が管理する祭祀があったのではないかと。それともうひとつ、人形の大型の土偶ですね。これについてはお祭りとかで持ち寄るような土偶として存在していたのではないか。大型のものは手足の表現がしっかりしていて、その手足がわざわざ壊れるように作ってあるわけですから、壊す用意をした上で持ち寄って壊す。そして壊して、お祭り、儀式をするということを前提として作っている。それがムラの単位で行っているような土偶です。その二つの土偶があったのではないかと思います。先ほどそういう皆んなで集まる場と一般の集落がありますよと言いましたが、恐らくそういう土偶は、お祭りの場に大きい人形の土偶を持って行って、物送りなので、そこで壊して、廃棄して去って行くというようなものです。だからこそ、そうした積み重ねで、土偶が大量に残されていくのではないかと考えています。

狭川 わかりました。ということは、今もそうですけど、先祖祭祀をやるときに、自分の家に仏壇があって、神棚があってお祀りしている、そういう風景と、縁日の日なんかに出かけて行って、そこでお参りをするというような風景と、まあ同じようなものだということですかね。

岡田 そこは基本的にはあまり変わらないだろうと考えています。

遺跡からみる縄文人の精神世界

狭川 まあ、人間のやることですから、同じようなことですね。先ほど三軒くらいしかないというお話で、非常に小さい集まりしかないように思いますけれども、例えば橿原遺跡やまわりの遺跡にいた人たちが、そこへ縁日の日に集まってきて、そこでいろんな出会いがあるという話がありましたが、そういう出会いを求めてやってくる、それがまた生の世界で、つながっていくということでいいのですね。

では、その生の世界と死の世界という話が、今日のテーマだということを言いましたけれども、質問のひとつに、その土器棺墓の質問があるのですが、集落の数、そこに住む人間の数、それに対して墓の数というのが、バランスとして必ずしも合ってないと。それで、この質問では「土器棺墓で再葬された人々は一部の人だけですか」、というものなのですが、そのあたりはいかがでしょうか。

岡田 ないものから語ることは難しいですね。実際、縄文の人は、全てのメンバー、仲間を墓に納めたのか、それは非常に難しい質問だと思います。例えば、それこそ瀬口さんのお膝元の滋賀県に正楽寺遺跡という後期の遺跡がありますが、そこでは川の中に人骨が埋葬、とは言わないですね、残されていたと言った方がよいでしょうね、人骨がありました。その周りには、たくさん土器とかの道具を捨てるというか、積もっているといいますかね、そういう情景が見てとれたのですね。そういう例を考えますと、全ての人を土に穴を掘って埋めたということは言えませんので、単純に人口はどうだとか、例えば墓を作ったのかなどということは、言えないように思います。そうすると一部の人だけを土に穴を掘って、墓に埋めたということも十分に考えられますが、これについてはないものを証拠にして話をすることはできないので、今のところは保留にさせてくださいと言うしかありません。とりあえず、みんなお墓に入れられているんでしょうということを前提にお話しています。先ほどの質問にありました、土器棺ですね、土器棺というものとか、再葬というものをどれくらいの人がしたのかということになりますが、先ほどの私の話では、一次埋葬というのは個人として、つまり、例えば縄文人、私、憲一が死にましたので憲一を葬ります。おそらく皆んな泣きながら葬ってくれるわけですね。その後憲一のことを一〜二年は覚えているのでしょうね。そして大体五年くらい経ったら、土中では骨になってしまいますので、骨になったら、もう憲一じゃないわけですね。ただの骨ですね。それも取り上げた段階で、彼の死というのを確認できますから、そこでは個人の名前は与えられないような存在になっています。そこでそれを集めて土器の中にいれてお祭りしますが、そこでは個人ではないわけですね。つまり何かというと、再葬という行為をする段階では、もう個人ではない。つまりそれは、この人はこういう人だから再葬しようということではないのだと、そういうふうに考えたいと思っています。例えば集落を造るときに、岡田一族と瀬口一族がいて、その一族がくっついて、一緒にムラを造ろうかといったときに、先祖の墓を掘り起こして、その骨を全部集めて再葬、お祭り、儀式を、二つのグループの固い結びつきの誓いをするために、お祭りをするとします。そういうときに再葬しよう、つまり個人をこえた集団的なことが契機になったのではないかと思います。実はそういう事例が関東地方の貝塚などではありります。グループの再結成とか儀礼のたびに再葬を行ったり、火葬を行ったりということをしたのではないかと考えたいと思っています。直接、具体的に、それが誰の誰べえかということは言えないのではないのかなと考えてます。

狭川 ということは、いったん亡くなって、一定の期間を過ぎると、もうよくよく知ってる人ではなくて、神へ昇華していく途中の人っていうのですか、そんな存在というか、そんなイメージですかね。

岡田 そうですね。だから、いわゆる祖先という世界をどういうふうに具体的にイメージして、彼や彼女らが持っていたのか。私も想像したいと、縄文人の想いを想い続けているのですが、なかなか具体的に思いつかないですが、恐らくそんなに具体的なイメージはなかったのではないかと考えています。そうした中で、ただそれはいろんなものをカオスのように、死たる死者を取り込み、それから生を生み出すという、非常におそれ多い、よく見えないような世界として存在している。それが祖先の世界。そういうものとの交感、コミュニケーションですね、そういうものをずっとしていたのではないかと考えます。その中間の過程にあるので、人の死とか、死者という過程というものをおそれ、儀礼というものを発達させていったのではないかと思います。

埋葬品からみる縄文社会

狭川 なるほどね。もう少し、岡田さんの最初の話に戻りますね。「お墓はごく限られた人のみが作り得たのか」というお話の質問があったので、うまくそれにひっかけてたのですが、うまいこと逃げられてしまいました。実はありましたと言ったら、社会階層がすごくできていて、縄文とはそんな世界だったのですか、という話にもっていこうかと思ったのですが、待ってくださいと逃げられてしまいましたので、ちょっとそこへふれられなくなってしまいました。しかし、どれだけの人が埋められたのかというのはわからないのですが、例えば仮面のお話の中で、仮面の部品になっているものがありましたね、鼻だけとか耳だけとか。そういったものをつけて埋葬されている人がいますというお話でした。ですからそれは、その集落といいますか、その墓地群の中で、やっぱり何らかの違う位置づけを持っていたのではないかと思うのですが。永野さん、どうでしょうか。

永野　すみません、ちょっと訂正なんですが、決して仮面をつけて埋葬されたと断定されたわけではないんです。ただ、墓穴かなと考えられるところから出ているのが、その鼻ですとか耳ですとか、その部品の仮面です、ということなんですね。そして、この被葬者がどういった人かと考えますと、一番単純に考えますと、実際その仮面を被って、その祭祀に参加していた人なんだろうなと。しかし残念ながら、墓穴から出てくるのですが、部品が全て揃っているわけではないのですね。鼻が一個ですとか、耳も両耳ではなくて、右耳だけだったり、左耳だけだったり、あとは口だけだったりと。もし仮面を被せて埋葬するのであれば、その後特に掘り返さなければ、全て揃って出てくるはずなのですけれど、そういったことではないのですね。となると、どういうふうに考えるんだろうかと、自分でも悩んでいるのですが、何らかの仮面の祭祀に関係する人ではあるのだろうけれど、仮面そのものを一緒に埋めるわけではなくて、部品のどれか一つを埋めて埋葬されたのかなと。ですから一応被葬者は司祭者と考えるのが自然なのかなと、現段階では考えています。

狭川　そういった仮面の文化が発達してくる中期以降、そういったことを司る人が、その集落の中なり、少し外れた浮いた形で、出現してきた可能性はあるということですね。

永野　当然可能性はあるのですが、ただそこに、明確な階層性というものが存在するかどうかということは、はっきりとは言えないかなと。そういったことが明確になってくるのは、どちらかというと、もう少し後で、弥生時代以降でしたら、いわゆるシャーマンと一般の集落構成員との階層性というものが出てくるとは思います。ですが縄文時代ですと小規模な集落でしたら、それこそ、その村のお父ちゃんやお母ちゃんがやっていても、おかしくないかなとも考えられますので、必ずしも司祭者として、常に祀りに従事しているといった存在が、縄文時代にすでに誕生していたかということについては、ちょっと、わからないと思っています。

狭川　そこまで断定するには至らないということですね。何かご意見があったらどうぞ。

瀬口　経済的な格差と宗教的な力の集約というのは、別の段階かなというような気がします。その経済的な格差が伴い始めるのは、やっぱり農耕が本格化した弥生時代以降であって、それ以前でも、農耕は何らかの形で取り入れているのかもしれないけれど、縄文時代というのは、宗教的な、シャーマンとか司祭者などは金持ちではない。世襲される息子さんとか娘さんとか、代々継承されていくというような状況には、まだないのかなというのが共通したイメージかと思いますが、岡田さん、どうですか。

岡田　同じようなことですが、宗教的云々ということよりも、単純に職掌といいますか、そうしたものを象徴しているのではないかと。つまり墓に入っているものは、当然こうした仮面の部品だけではないのです。他に玉を一緒に埋葬するとか、そういうこともあります。そうしたことを考えると、恐らくその死んだ、誰々、誰べえの墓という形で埋葬しますから、その時の個人の職掌と、その人の村の中での役割。つまり残されて生きている人々が、この人はこういう人だったんだと思いながら、例えば、その人が使ったものとかを一緒に埋葬しますので、その人を何かしら示唆するようなものを埋めたのだろうと考えられます。ただ単にそれが、ちょっと変わったものだから、階層か上下関係を示すかといったら、それは、また別だろうと。例えば北海道の環状土籬というものがあります。周りに土の堤をつくって、その真ん中にお墓をたくさん作るのですが、そうした土坑墓などを見ると、そのお墓の中に石の斧とか鏃《やじり》とかですね、そういうものを埋めた墓がきれいに分かれているのですね。つまり鏃を埋めた墓というのは、恐らく狩りに長けた男性の可能性が高いわけです。斧とかは木を切るような。そのような形で、職掌、その人の得意だったものとか、その人が例えば狩りをもっぱら行っていた。そういうようなものに分けて埋葬した可能性がある。副葬をした可能性があるわけです。そうすると、即階層を示すというよりは、ただ単にそういった儀礼なんかを司る人物、先にお二人は司祭者といいましたが、そういったものに関わる人物と、単純に評価した方がいいのではないかと思います。

縄文時代の死生観

狭川　わかりました。私のように新しい時代のことをやっていますと、お墓というのは、古墳時代に代表されるように、その権力を持つ人が周りの人たちに、自分の権威を誇るような存在へと発展していくわけです。そのスタートは弥生時代に、チラホラと見えてくるのですが、縄文時代にそれが見えるのか、どうなのかと思って、話を聞いてみたのです。死者が持っているものを、その死者の存在をうまいこと利用して次の世代を継ぐ人が、自分の権威を主張するために利用していくのですが、縄文時代はまだまだそういうところには至っていない。縄文人にとって死者は純粋で素朴な存在なんだろうということです。

今日の三名の方の話の中で基本的に流れていた、生と死のテーマを最後に聞いてみたいと思います。お墓に入れて埋葬されると、先ほどもお話がありましたように、死んでしばらくしたら、いわゆるどこの誰だということよりも、その人を再葬して次の世界へ、あるいはそこから帰ってくる、蘇ってくるということを観念して、そういう再葬なり、なんなりの行為をしているのだというのがありました。土偶の扱いなんかも結局生まれてくる人のことを願って何かやっていくのだろうというお話もありました。ということは、これは循環してる話なんですね。そうなってきますと、その当時の人が死んだあと、どんなふうになると考えてたのか、どうしたら蘇ってくるのかということを考えてたのか、考古学ではなかなか言うのが難しい世界なんですが、今日のテーマとしてそういう話を聞いてきましたので、それぞれ三名の方に縄文人が考えていたであろう、死後の世界あるいは再生の世界というのは、どういうものなのか。死んでから次に生まれてくるまでの間、平安時代では『往生要集』ができて、地獄と極楽があって、極楽へ行きたいというような話になりますが、さて、縄文時代は、どんなイメージだったのか。これは考古学ではわかることではないので、それぞれの方がお考えになっていることを聞かせていただきたい。そのお考えは、多分今後の皆さんの研究の根底になられるものだろうと私は思いますので、そこをお聞かせいただいてこの座談会を終わりたいと思います。どうぞよろしくお願いします。

瀬口　では私からお話しします。土偶にひっかけていうと、縄文時代の前半はよくわからないですね。よくわからないですけれど、後半になると土偶型容器っていうものを作り始める。土器に土偶をひっつけるのは、それまでと一緒なのですが、その中に骨を入れ始めるのではないかと言われてます。そういうことを考えると、うつろなるものに自分に関係する縁者の骨を入れて、もう一回よみがえってくれということを願っているようです。そういった輪廻《りんね》再生は、縄文後半になると明らかにあって、そういうことを願うのに土偶っていうのは役立ったのではないかと思ったりしています。

永野　僕がイメージしてるのは、縄文時代には、いわゆる、あの世とこの世というような、他界観ですね。そういうものがなかったのではないかなと。というのは、あの世とこの世という思想自体が、神はどこか別世界におり、人間の世界がある。その神の国と人間の国が分かれた後じゃないかと思うのです。それはいつ分かれるかというと、やっぱり弥生時代からじゃないかと考えています。で、これは以前勤務しておりました、大阪府立弥生文化博物館館長でいらっしゃいます、金関恕《かなせきひろし》先生が、おっしゃっていることなのですが、宗教的にも進化の過程があるということで、僕は縄文時代というのは、神も人間も精霊も一緒の世界、いわゆるこの世界にいるということで、人間が死んだら、自然の一部、どこかに戻っていって、また宿って、人間として出てくるのではないか、生まれてくるのではないか、といった思想だったのではないかなと考えてます。

岡田　私はさっきも同じような話をしているのですが、本当に混沌とした世界が、祖先の世界というか、カミの世界と言うのですかね。あまり使いたくないのですけれど。そのような世界というものがあったのではないかと思っております。そこから全て再生産されるのだと。それは恐らく人間だけではない、人だけではないのだろうと思います。動物もそうだし、自然環境の全てが恵みとして還ってくるという考え方を持っていたのではないだろうかと。例えば土偶の話をずっとしてきましたけれど、動物形の土製品というものもたくさんあります。イノシシだとか犬だとか。橿原遺跡でも犬とかイノシシ、ムササビなどにしていたものがあります。そういう動物形の土製品があることを考えますと、やはり動物というものも死をもって、更にもう一回戻ってくると。我々の獲物として口に入るものとして、戻ってくるようにという祈りがあったのだろうと思います。そしてさらに人骨を火葬して、また土器に納めるということがあるのですけれども、実はよくよく見ると、人だけではないということが結構あるのです。人の骨だけではなくて、動物の骨も焼いて一緒に納めたり、撒いたりすることがあるのですね。つまりその世界観としては人でないといけないということは、彼らにとってはなかったのだろうと。人も動物も一緒に、再生を願うような、そういう祖先観、そういうような人の祖先だけを祀るような世界としてもっていたのではなくて、もう自然全てをひっくるめた、非常に混沌とした世界があって、そこからある時は人になって戻ってくるだろうし、動物になって戻ってくるだろうし、木になって戻ってくるかもしれない。そういうような考え方だったのではないかなというイメージを持っています。

狭川　ありがとうございます。本当に今のお話を聞いていますと、今の我々は死の世界も生の世界も、あまり自分とは関係のないようなところに追いやっているような気がしますね。縄文人のお墓のある場所というのは、集落のすぐ横ですが、現代はお墓は、全然ちがう山の向こうにあったりします。だからそういう点でいくと、我々は、人の死というものを遠ざけず、もう少し身近において、うまく接していかないとダメなんじゃないのかなというふうに思います。これが縄文人が発している現代人へのメッセージの一つかも知れませんね。

今回は縄文人の生と死に対する想いというものを考古学を通じて聞かせていただきました。

時間がちょうど来ましたのでこれで終わりたいと思います。皆さん、どうもありがとうございました。皆さんの中に縄文人の思いが宿ってほしいと、ぜひ宿って帰っていただければ、ありがたいなと思います。

《奈良大学文化財学科創設から考古学シンポジウムの発展へ》

これまで、考古学研究室と考古学研究室研究交流会が奈良大学のオープンキャンパスで共催したシンポジウムは、本書におさめた「縄文人の祈りと願い」の前年、平成二十二年の「平城京の住宅事情」に始まりました。シンポジウムを共催する考古学研究室研究交流会は、じつは奈良大学文化財学科の創設以来の歴史を受けて最初のシンポジウムの際にできました。その経緯の一端をここに書きとどめておきたいと思います。

奈良大学の文化財学科は、大学創設から十年が経過した昭和五十四年(一九七九)に新たに設置されました。それまで史学科におかれていた考古学専攻に美術史・保存科学・文化史の各専攻を加えて、日本初の「文化財学科」が誕生したのです。その主な目的は文化財保護を担う専門職を養成することでしたが、さまざまな文化財のなかでも、当時全国で増加していた遺跡、埋蔵文化財の発掘調査を担当する考古学専攻の人材が切望されていました。そのため考古学研究室の体制が拡充されたことから、こよなく考古学を愛する学生が全国各地から数多く集まりました。いまではじつに六～七〇〇人の卒業生が各地の文化財保護の現場に就職し、日本の文化財保護を最前線で支えています。

文化財学科の考古学研究室では、長く年度末に「総会」を開催し、全国に散らばった多くの卒業生を集めて研究発表会と懇親会を行ってきました。しかし、近年、諸般の事情で総会は一時中断していたところ、卒業生が中心となって復活させることとなり、従来の研究発表会をオープンキャンパスに合わせたシンポジウムに発展させて、広く社会に情報発信することになったのです。

こうした趣旨から総会を研究交流会とあらため、その実施については文化財学科第一期生の狭川真一氏（元興寺文化財研究所）を事務局とする実行委員会があたっています。

（坂井秀弥）

本大学考古学実習室前の石造物

写7　出産をモチーフにした土器・人体文様付有孔鍔付土器(山梨県津金御所前遺跡),北杜市教育委員会蔵,〈同左提供〉
写8　出産をモチーフにした土偶・縄文のビーナス・国宝(長野県棚畑遺跡),茅野市尖石縄文考古館蔵,〈同左提供〉
図19　縄文時代後期の分銅形土偶と人形土偶,〔「土偶とその情報」研究会1997『西日本をとりまく土偶』から転載〕
写9・10　天白遺跡出土の土偶・配石遺構(三重県天白遺跡),〔三重県埋蔵文化財センター1995『天白遺跡』から転載〕
図20　環状列石(秋田県野中堂遺跡),〔文化財保護委員会1953『大湯町環状列石』を改変〕
図21　橿原遺跡と観音寺本馬遺跡の土偶数の比較
　左〔奈良県立橿原考古学研究所附属博物館1992『大和考古資料目録』第19集から転載〕
　右〔岡田憲一2012「奈良県橿原遺跡出土土製品・石製品の再検討」『縄文時代の精神文化』(第11回関西縄文文化研究会)から転載〕
写11　割り取られた土偶(橿原遺跡),奈良県立橿原考古学研究所附属博物館蔵,〔奈良県立橿原考古学研究所附属博物館2002『橿原遺跡』P.24～25(4点)から転載し一部改変〕

県遺跡調査概報2010年（第２分冊）』P.250から転載〕
図１　観音寺本馬遺跡の位置,〔国土地理院発行地形図を参考にして作成〕
図２　観音寺本馬遺跡の遺構見取図,〔鈴木一議2011「奈良県観音寺本馬遺跡の縄文集落と墓地」『季刊考古学』第114号　雄山閣から転載〕
図３　観音寺本馬遺跡・クリ林の拡大図,〔橿原市千塚資料館2010『かしはらの歴史をさぐる17』（平成20年度埋蔵文化財発掘調査成果展）から転載〕
図４　縄文時代の集落,〔水野正好1969「縄文時代集落復元への基礎的操作」『古代文化』21-３・４／岩手県教育委員会1980「東北新幹線関係埋蔵文化財調査報告書Ⅶ」を改変〕
図５　縄文土器編年表と遺跡継続幅,〔岡田憲一2012「関西縄文集落の一時的景観と時間的累積」『関西縄文時代研究の新展開　関西縄文論集３』関西縄文文化研究会を改変〕
図６　観音寺本馬遺跡の世代数・一世代遺構数,〔本文の要旨を図式〕
図７・８　千葉県姥山貝塚Ｂ９号住居址の人骨推定年齢・家系推定図,〔諏訪元・佐宗亜衣子2006「縄文の骨」『アフリカの骨　縄文の骨－遥かラミダスを望む』東京大学総合研究博物館をもとに作成〕
図９　関野克氏の公式と観音寺本馬遺跡への適用,〔関野克1938「埼玉県福岡村縄文前期住居址と竪穴住居の系統に就いて」『人類学雑誌』53-８から転載〕
図10　平均寿命の比較,〔佐原　真『大系日本の歴史（１）日本人の誕生』小学館をもとに作成〕
図11　小林和正氏の研究結果,〔小林和正1967「出土人骨による日本縄文時代人の寿命の推定」『人口問題研究』第102巻から転載〕
図12　現代人の平均寿命,〔http://data.worldbank.org/ をもとに作成〕
図13　５歳以下の子どもの死亡率,〔http://data.worldbank.org/ をもとに作成〕
図14　日本人の年齢別死亡率の推移,〔厚生労働省2007第20回生命表〕
図15　観音寺本馬遺跡出土人骨の推定年齢,〔「観音寺本馬遺跡記者発表資料」(http://www.kashikoken.jp/from-site/2009/kannonji20090730.pdf)奈良県立橿原考古学研究所,2009年７月をもとに作成〕
図16　滋賀里遺跡・日下遺跡の土坑墓規模,〔岡田憲一2000「土坑『墓』認定の手続き」『関西の縄文墓地』（第２回関西縄文文化研究会）から転載〕
写５右　観音寺本馬遺跡土器棺墓12　奈良県立橿原考古学研究所,〔奈良県立橿原考古学研究所2009『奈良県遺跡調査概報2008年（第３分冊）』P.270から転載〕
写５左　観音寺本馬遺跡土坑墓２　奈良県立橿原考古学研究所,〔奈良県立橿原考古学研究所2009『奈良県遺跡調査概報2008年（第３分冊）』P.264をもとに作成〕
図17　埋葬年齢と埋葬形態の相関モデル,〔長田友也2008「墓制からみた晩期東海の地域社会の復元に向けて」『日本考古学協会2008年度愛知大会研究発表資料集』から転載〕
写６右　土器棺墓の事例　御所市教育委員会,〔御所市教育委員会2009『京奈和自動車道関連遺跡発掘調査報告概報Ⅰ』P.５から転載〕
写６左　土器棺墓の事例(2点)　奈良県立橿原考古学研究所,〔奈良県立橿原考古学研究所2008『観音寺Ⅰ区─縄文時代晩期中葉遺構面の調査─現地説明会資料』P.２から転載〕
図18　二次埋葬の事例（滋賀県滋賀里遺跡）,〔湖西線関係遺跡発掘調査団1973『湖西線関係遺跡発掘調査報告』から転載〕

資料編１より再トレース〕
図２-４　土面(滋賀県正楽寺遺跡)，東近江市埋蔵文化財センター蔵，〔植田文雄1996『正楽寺遺跡』能登川町教育委員会より再トレース〕
図２-５　土面(福島県三貫地貝塚)，福島県立相馬高校蔵，〔福島県立博物館1988『三貫地貝塚』より再トレース〕
図２-６　土面(岩手県蒔前遺跡)，岩手県一戸町教育委員会蔵，〔福田友之1988「「鼻曲がり土面」考」『青森県立郷土館調査研究年報』第12号　青森県立郷土館より再トレース〕
図２-７～10　土面(岩手県立石遺跡)，花巻市博物館蔵，〔中村良幸編1979『立石遺跡―昭和52年・53年度発掘調査報告書』大迫町教育委員会より再トレース〕
図２-11　土面(秋田県麻生遺跡)，東京大学総合研究博物館蔵，〔大野延太郎1900「石器時代土製假面」『東京人類学会雑誌』第16巻第177号　東京人類学会から転載〕
図２-12　土面(岩手県根岸遺跡)，東京大学総合研究博物館蔵，〔磯前順一1992「岩手県根岸・秋田県麻生出土の土製仮面―東京大学総合研究資料館所蔵品より―」『考古学ジャーナル』343　ニュー・サイエンス社より再トレース〕
図３　縄文時代後期における土面の分布図〔永野仁作成〕
図４　縄文時代晩期における土面の分布図〔永野仁作成〕
図５-１・３　仮面(長野県滝沢遺跡)，長野県御代田町教育委員会蔵，〔小山岳夫編1997『滝沢遺跡』御代田町教育委員会より再トレース〕
図５-２・４～11　仮面(岩手県八天遺跡)，北上市教育委員会蔵，〔本堂寿一編1979『八天遺跡(昭和50年～昭和52年度調査)』北上市教育委員会より再トレース〕
図６　土面(北海道ママチ遺跡)，文化庁蔵，〔長沼　孝編1987『千歳市ママチ遺跡Ⅲ』財団法人北海道埋蔵文化財センターより再トレース〕
図７-１・２　土面(石川県真脇遺跡)，石川県能登町教育委員会蔵，〔山田芳和編1997『真脇遺跡【復刻】』能都町教育委員会・真脇遺跡発掘調査団より再トレース〕
図７-３・４　土面(大阪府仏並遺跡)，公益財団法人大阪府文化財センター蔵，〔大野　薫1995「仏並土面の再検討」『大阪府埋蔵文化財協会研究紀要』３　財団法人大阪府埋蔵文化財協会／岩崎二郎編1986『仏並遺跡発掘調査報告書』財団法人大阪府埋蔵文化財協会より再トレース〕
図７-５・６　土面(宮城県沼津遺跡)，東北大学大学院文学研究科考古学研究室蔵，〔須藤　隆1996「亀ヶ岡文化の発展と地域性」『日本文化研究所研究報告別巻』第33集　東北大学・日本文化研究所より再トレース〕
図８-１～20　土面(青森県二枚橋(２)遺跡)，むつ市教育委員会蔵，〔藤沼邦彦・佐布環貴・萩坂華恵2002「青森県における縄文時代の土製仮面について」『青森県史研究』第６号　青森県より再トレース〕

第３章

写１　顔のない土偶(奈良県観音寺本馬遺跡)，奈良県立橿原考古学研究所附属博物館蔵，〔奈良県立橿原考古学研究所附属博物館2009『大和を掘る27』(表紙) から転載〕
写２　奈良県秋津遺跡，奈良県立橿原考古学研究所，〔奈良県立橿原考古学研究所2011『奈良

図5・11　宿り入る土偶（山梨県鋳物師屋遺跡），南アルプス市教育委員会蔵，〔『鋳物師屋遺跡櫛形町文化財調査報告12』による〕
写5・図7・11　人体文付有孔鍔付土器（神奈川県林王子遺跡），厚木市教育委員会蔵，〈同左提供〉
図8右・9右・11右　壷を抱えた土偶付き土器片（埼玉県札の辻遺跡），埼玉県立さきたま史跡の博物館蔵，〈同左提供〉
図8中・12右・15左　壷を抱える土偶（長野県目切遺跡），市立岡谷美術考古館蔵，〈同左提供〉
図8左・9左　両腕を広げる立像土偶（山梨県坂井遺跡），坂井考古館蔵，〈同左提供〉
図10　二人羽織の例，〔町田市教育委員会『町田市木曽中学校遺跡』第43図による〕
図12中・14左・15中　円錐形土偶（山梨県鋳物師屋遺跡），南アルプス市教育委員会蔵，〈同左提供〉
図12左・13左右・15右　土偶（山梨県上黒駒遺跡），東京国立博物館蔵，〈Image:TNM Image Archives 提供〉
図16中　仮面の女神（長野県中ツ原遺跡），茅野市尖石縄文考古館蔵，〈同左提供〉
図16左　遮光器土偶（秋田県星宮遺跡），大仙市教育委員会蔵，〈秋田県大仙市提供〉
図17右　相谷土偶（滋賀県相谷熊原遺跡），滋賀県教育委員会蔵，〈同左提供〉
図17左　手足のある土偶（岩手県杉則遺跡），岩手県一関市花泉町教育委員会蔵，〔藤沼邦彦『歴史発掘３縄文の土偶』No12，東京国立博物館他から転載〕

第2章

図1－1　貝面（熊本県阿高貝塚），熊本市立熊本博物館蔵，，〔山崎純男2010「九州における貝製仮面について」『MASK—仮面の考古学』大阪府立弥生文化博物館より再トレース〕
図1－2　貝面（福岡市桑原飛櫛貝塚），福岡市埋蔵文化財センター蔵，〔井澤洋一編1996『桑原遺跡群２—飛櫛貝塚第１次調査—』福岡市教育委員会より再トレース〕
図1－3　貝面（対馬市佐賀貝塚），対馬市教育委員会蔵，〔図1－1と同〕
図1－4　貝面（熊本市黒橋貝塚），熊本県教育委員会蔵，〔高木正文・村﨑孝宏1998『黒橋貝塚』熊本県教育委員会より再トレース〕
図1－5・6　貝面（天草市沖ノ原貝塚），天草市教育委員会蔵，〔図1－1と同〕
図1－7　貝面（水俣市南福寺貝塚），水俣市教育委員会蔵，〔図1－1と同〕
図1－8　貝面（韓国東三洞貝塚），〔図1－1と同〕
図1－9　（青森県石神遺跡），青森県森田村歴史民俗資料館蔵，〔福田友之1993「石神遺跡の異貌の石製仮面」『青森県考古学』第７号　青森県考古学会より再トレース〕
図2－1　土面（徳島県矢野遺跡），徳島県立埋蔵文化財総合センター蔵，〔藤川智之編2003『矢野遺跡（Ⅱ）（縄文時代篇）』徳島県教育委員会・財団法人徳島県埋蔵文化財センター・国土交通省四国地方整備局より再トレース〕
図2－2　土面（長野県上波田遺跡），東京国立博物館蔵，〔長野県1986「土偶」『長野県史』考古資料編より再トレース〕
図2－3　土面（埼玉県発戸遺跡），東京国立博物館蔵，〔埼玉県1980「発戸遺跡」『新編埼玉県史』

《写真・図版一覧》

本書への掲載にあたり，下記の方々からご配慮を賜りましたこと厚く御礼申しあげます。
この一覧は以下の順で記します。(敬称略)
　掲載箇所，写・図No.名称(出土地)，所蔵者，〈写真提供者〉，〔出典・参考文献等〕

カバー表左　顔面把手付き深鉢(山梨県津金御所前遺跡)，北杜市教育委員会蔵，〈同左提供〉
カバー表右　縄文のビーナス・国宝(長野県棚畑遺跡)，茅野市尖石縄文考古館蔵，〈同左提供〉
表紙　人体文様付有孔鍔付土器・部分(山梨県鋳物師屋遺跡)，南アルプス市教育委員会蔵，〈同左提供〉
扉　貝面(熊本県阿高貝塚)，熊本市立熊本博物館蔵，〈同左提供〉
口絵略年表
　1　相谷土偶(滋賀県相谷熊原遺跡)，滋賀県教育委員会蔵，〈同左提供〉
　2　縄文のビーナス・国宝(長野県棚畑遺跡)，茅野市尖石縄文考古館蔵，〈同左提供〉
　3　両腕を広げる立像土偶(山梨県坂井遺跡)，坂井考古館蔵，〈同左提供〉
　4　人体文付有孔鍔付土器(神奈川県林王子遺跡)，厚木市教育委員会蔵，〈同左提供〉
　5　円錐形土偶(山梨県鋳物師屋遺跡)，南アルプス市教育委員会蔵，〈同左提供〉
　6　貝面(熊本県阿高貝塚)，熊本市立熊本博物館蔵，〔山崎純男2010「九州における貝製仮面について」『MASK―仮面の考古学』大阪府立弥生文化博物館より再トレース〕
　7　土面(滋賀県正楽寺遺跡)，東近江市教育委員会蔵，〈同左提供〉
　8　貝面(熊本市黒橋貝塚)，熊本県教育委員会蔵，〔高木正文・村﨑孝宏1998『黒橋貝塚』熊本県教育委員会より再トレース〕
　9　遮光器土偶(秋田県星宮遺跡)，大仙市教育委員会蔵，〈秋田県大仙市提供〉
　10　顔のない土偶(奈良県観音寺本馬遺跡)，奈良県立橿原考古学研究所附属博物館蔵，〔橿原考古学研究所附属博物館2009『大和を掘る27』表紙から転載〕
　11　土面(北海道ママチ遺跡)，文化庁蔵，〔長沼孝編1987『千歳市ママチ遺跡Ⅲ』財団法人北海道埋蔵文化財センターより再トレース〕
口絵写真1　奈良県観音寺本馬遺跡の住居跡，御所市教育委員会，〔御所市教育委員会2009『京奈和自動車道関連遺跡発掘調査報告概報Ⅱ』P.5から転載〕
口絵図1　平地式住居と墓の分布図(奈良県観音寺本馬遺跡)，奈良県立橿原考古学研究所，〔奈良県立橿原考古学研究所2009『奈良県遺跡調査概報2008年第3分冊』P.250から転載〕

第1章
　図1　縄文時代の年代と生業〔作図：瀬口眞司　作画：早田まな〕
　写1・図3左・6左・13中・14中　縄文のビーナス・国宝(長野県棚畑遺跡)，茅野市尖石縄文考古館蔵，〈同左提供〉
　写2　相谷土偶(滋賀県相谷熊原遺跡)，滋賀県教育委員会蔵，〈同左提供〉
　図2　女神像説〔本文の要約〕
　写3・図16右　顔のない(虚ろな)土偶(熊本県竹の後遺跡)，所蔵者不明，〔『日本の美術』第527号第65図から転載〕
　写4・図3右・4・6右・11左　有孔鍔付土器(長野県南箕輪村久保上ノ平遺跡)，長野県南箕輪村教育委員会蔵，〈同左提供〉

〈著者紹介〉

〈掲載順〉

瀬口《せぐち》 眞司《しんじ》

考古学者。一九六八年、埼玉県久喜市生まれ。公益財団法人滋賀県文化財保護協会主任。奈良大学文学部文化財学科卒業。博士（文学）。専門は縄文考古学。
主な著書『縄文集落の考古学』（昭和堂、二〇〇九）『東アジア内海の環境と文化』（共著）（桂書房、二〇一〇）ほか多数。

永野《ながの》 仁《ひとし》

考古学者。一九七七年、愛知県名古屋市生まれ。公益財団法人大阪府文化財センター技師。奈良大学文学部文化財学科卒業。専門は縄文考古学。
主な著書『MASK①仮面の考古学』（編著）（大阪府立弥生文化博物館、二〇一〇）『倭人がみた龍①龍の絵とかたち』（編著）（大阪府立弥生文化博物館、二〇〇九）ほか論文多数。

岡田《おかだ》 憲一《けんいち》

考古学者。一九七二年、新潟県長岡市生まれ。奈良県立橿原考古学研究所主任研究員。奈良大学大学院博士後期課程単位取得満期退学。修士（文学）。専門は先史考古学。
主な著書『西日本の縄文土器』（共著）（真陽社、二〇一〇）『縄文時代の考古学二』（共著）（同成社、二〇〇八）『考古学の基礎知識』（共著）（角川学芸出版、二〇〇七）ほか論文多数。

狭川《さがわ》 真一《しんいち》

考古学者。一九五九年、奈良県奈良市生まれ。財団法人元興寺文化財研究所研究部長。奈良大学文学部文化財学科卒業。博士（文学）。専門は宗教考古学・中世考古学。
主な著書『中世墓の考古学』（高志書院、二〇一一）、『日本の中世墓』（編）（高志書院、二〇〇九）、『墓と葬送の中世』（編）（高志書院、二〇〇七）ほか多数。

〈編者紹介〉

奈良大学
NARA UNIVERSITY

〒631-8502 奈良市山陵町1500
TEL.0742-44-1251 FAX.0742-41-0650
http://www.nara-u.ac.jp

◆文 学 部 国文学科 史学科 地理学科 文化財学科
◆社会学部 心理学科 社会調査学科
◆通信教育部 文化財歴史学科
◆大 学 院 文学研究科 社会学研究科

奈良大ブックレット02 **縄文人の祈りと願い**

二〇一三年二月二六日 初版第一刷発行
二〇一四年四月 八 日 初版第二刷発行

編 者 学校法人 奈良大学
著 者 瀬口眞司／永野 仁
岡田憲一／狭川真一 〈掲載順〉
発行者 中西健夫
発行所 株式会社 ナカニシヤ出版
〒六〇六-八一六一 京都市左京区一乗寺木ノ本町一五番地
電話 （〇七五） 七二三-〇一一一
ファックス （〇七五） 七二三-〇〇九五
振替 〇一〇三〇-〇-一三一二八
URL http://www.nakanishiya.co.jp/
e-mail iihon-ippai@nakanishiya.co.jp

印刷・製本 共同精版印刷株式会社
装 幀 河野 綾

ISBN978-4-7795-0702-1 C0321